U0000166

坐下、等等、好了

罹癌寵物教我們的人生功課

Sit, Stay, Heal: What Dogs Can Teach Us About Living Well

芮妮·阿爾薩拉夫（Renée Alsarraf）著
洪慈敏 譯

推薦序

陪伴我們走過困境、給予勇氣的寶貝

吳鈞鴻／犬貓腫瘤科獸醫師

前些日子，突然接到《坐下、等等、好了：罹癌寵物教我們的人生功課》寫序的邀約，作者芮妮·阿爾薩拉夫是一位腫瘤科獸醫師，書的內容是作者分享自身罹患癌症（那個不能說的疾病）的心路歷程，和工作時看到同為「病友」的毛孩，又是如何面對癌症。在「看診」和「被看診」間輪替，激盪出如何面對「生命」的故事。

而接到邀約的那幾天，是我一位重要的貓病患正要洗牙的日子，這個寶貝「曾經」罹患高度惡性的腸胃道淋巴瘤。大家有注意到嗎？我使用「曾經」這兩個字，因為這個毛孩罹患癌症已經是三年多前的事情了！有三分之一罹患這疾病的貓，經過化療藥物控制後，能達到長時間的穩定狀態，甚至其中少數的貓或許可以「根治」這個癌症！在治療的過程中，超過半數以上的貓咪不會有明顯不舒服，也就是說，你想像中人類的化療不適，可能都不太會在牠們身上出現。如果你說這是奇蹟，我可以肯定地說，並不是！奇蹟是指什麼都沒做，天上平白掉下東西來。雖然而能順利地控制癌症，是因為我們有踏出「治療」這一步，才有發生的可能。人家常說腫瘤科是最灰暗的一科，很多時候我們必須陪伴病患和家長走完最後一程，親眼看著毛孩死去。但對我而言，不論是能緩解牠們的不適，又或是看到一個個挺過難關的毛孩們，這些過程都是讓我堅信必須繼續走下去的養分。我想這也是芮妮醫師在書裡想要傳達的正向能量。

細細翻閱這本書時，我得到了很多共鳴！每一個章節、每一個故事，就好像昨天、前天……正發生的事！每一個罹癌病患的家長內心都有很多小劇場，但是不意外的，這些內心小劇場大多都很相似，像是「我是不是要讓牠積極治療」、「化療會不會很不舒服」、「我們什麼時候要面臨安樂死」等等。可能在這本書中你會找到那個和自己很像的身影，也許你還在猶豫、也許你還在悲傷，那這本書興許會帶給你「希望」，幫助你做出不後悔的決定！不過我也必須老實告訴你，我所指的「希望」並不是什麼厲害的治療偏方，是醫師想要傳達的、面對困境時的態度和勇氣。我相信這一篇篇的故事，會是在絕望中溫暖人心的火種。

當你因為家中的毛孩罹癌而哭泣、絕望、難過時，認真地看看牠們吧！只要毛孩還會笑、還會撒嬌，眼神仍炙熱地看著我們，就是我們繼續下去的最大動力。輕輕跟毛孩說一聲「我們一起努力一下吧！」眼眶的淚和舔舐的口水交雜，我們又再有面對困難的勇氣！

也許某天，說再見的那一天來了，請記住，要認真地看看毛孩，再輕輕地跟牠們說一聲「你很棒，我知道你已經夠努力了」。我在我的生活、也在這本書裡，看到了因為愛而面對，也看到了因為愛而放下。因為毛孩是我們的寶貝，給我們面對困境時勇氣的寶貝！

推薦序

生命僅僅是當下——動物教我們的事

陳玉敏／臺灣動物社會研究會副執行長

約莫二十年前，我到布拉格參加「人與動物互動關係組織」（International Association Hunam-Animal Interaction Organizations，簡稱IAHAIO）大會。這個由世界各國相關團體於一九九〇年所組成的組織，致力「促進人們了解與尊重人與動物的互動關係」。此組織是基於不論任何學科、面向的相關研究，都指向人與動物的和諧互動，對人類、動物和環境有莫大益處。

大會邀請來自世界各國投入各領域「人與動物互動」研究者前來分享，其中一位女大學生的分享十分有趣。她因失戀而痛苦，開始注意身旁同樣經歷失戀的同學，如何能「快速」從情傷中「恢復」。有個現象引起她的好奇，她發現相同年齡與性別的同儕裡，在同樣面對情傷時，若當事者有養貓狗等同伴動物，似乎較能盡早揮別情傷的痛苦，因此她以「失戀情傷」為主題，進行「人與動物互動」的療癒研究。

我在臺下十分被觸動，心裡想：是啊！這是可以肯定的事吧！我們愛的人不論基於何種原因決定要離開我們，而我們因為被拋棄的痛苦、孤單感到悲傷時，若有一雙深情款款的眼睛凝視著我們，不論那雙眼睛是不是想說：「主人，給我好吃的吧！帶我出去玩吧！」至少牠都不會在我們對牠傾訴：「小乖，為什麼他不要我了，為什麼他會這樣……」如此的悲傷情緒時，回答我們：「因為你脾氣很壞啊！你公主（王子）病那麼嚴重，誰會喜歡你啊！」牠們非但不評斷，甚至會伸出舌頭來舔舔我們的淚水，讓我們瞬間感到被完全接納與包容——「啊！天地之大，至少我還擁有『小乖』啊！」

返臺後，我正式投入動保組織工作，開始非常有意識地觀察身旁各種「人與動物的互動」，包括新生兒與家中的同伴動物、獨居老人與動物、失親者與動物等等，當然也注意到人們面對失去同伴動物時的各種狀態。不論何種情境，生命與生命在互動過程裡的交織與相互影響，完全可以跨越物種與語言的隔閡，且關於生命「生老病死」與別離的共通性，「非人類動物」的表現，往往可以開啟我們更寬闊的視野，引導我們更深地學習與探索。

《坐下、等等、好了：罹癌寵物教我們的人生功課》是由一位專攻同伴動物癌症醫療的腫瘤專科醫師——芮妮．阿爾薩拉夫所著，書寫她經歷過的十二位「狗病患」及其飼主的故事，其中有四位是芮妮醫師的同伴動物，甚至醫師在執業二十多年後也罹患了癌症，親身經歷癌症醫療的種種歷程，透過「動物病患」與「人類病患」二者敘事的交錯與對照，為讀者營造出一個特殊的「空間」，於此駐足凝視何謂「活在當下」、何謂「無懼生死」。

芮妮醫師說：「或許動物有值得讓我們學習的地方，牠們都活在當下，無憂無慮，不會把時間浪費在擔心未來會發生什麼事，或是自己還會活多久。」在接到編輯邀約寫「推薦序」時，我甫經歷喪親之痛。在父親生命最後一段旅程裡，醫療的投注已面臨極限，生命喪失了種種生存樂趣與品質，我常在面對受病苦折磨的父親時，會不斷想著，我們當如何好好「活在當下」而能「無畏生死」。

在臺灣，動物的「安樂死」仍是個無法被好好討論與正視的議題，許多犬貓在面臨嚴重且醫療有限的病痛折磨時，因為華人社會裡傳統「好死不如賴活」的觀念，反而因此承受著毫無「動物福利」與生命品質的殘酷折磨。本書〈紐頓三部曲〉的篇章中，身為母親與獸醫師的作者，要替全家人心愛的拳師犬紐頓注射安樂死藥劑，以幫助愛犬解除沉重的痛苦，讓生命好走時，滿滿地情緒流動在家人與醫院的同事間，而動物就如平常一樣，安然地活在當下，直到藥物抑制了呼吸，心跳停止、軀體的病苦與生命終止。

我總認為，動物在許多方面其實都比人強，「活在當下」的能力便是！

謝謝動物老師們——生命僅僅是當下。

—推薦序—

腫瘤有沒有可能是一種勳章呢？

春花媽／動物溝通師

這個勳章上面應該是笑臉，人跟動物的笑臉，然後左下方有一個勇氣的符號，右下方應該有一個醫療的符號。如果是我家Amia胖咪的徽章，應該還會有老虎披風，既美麗又帥氣的符號，這是很難得、也很難得的徽章。

我常常在粉絲頁分享胖咪的病情，但是我都說「願你們家裡都沒有這樣的情況」，這是真心的。其實腫瘤很常出現在動物身上，只是以前對動物沒有特別的照護。但是隨著時代與醫療的進步，人類對動物的服務更趨優質，人跟動物的老齡化也同時在發生，牠們的壽命都超過平均可以存活的年齡，所以腫瘤變成一種好發的病症。往好處想，是人類真的變厲害了，往另一方面想，則是人類的挑戰也變多了！不知道大家有沒發現專科動物醫院變多？而且越來越多「腫瘤專科」的診所、門診和醫師出現。

《坐下、等等、好了：罹癌寵物教我們的人生功課》的作者芮妮・阿爾薩拉夫醫師，她本身就是動物腫瘤內科醫師，並且自己罹患癌症。

有點饒口，再花點時間重看這句，是的，動物腫瘤內科醫師也得了腫瘤。一開始看到書的時候，我幾乎是忍不住先心疼醫師了！但是隨著文字的開展，我覺得芮妮醫師是動物很好的陪伴者，或是說學徒！因為在知道自己得了「那個病」後，她當然也自厭不已——跟所有得知動物小孩得了腫瘤的家長有相同的愧疚感。但是芮妮醫師選擇回到自己的生活，提出需求，然後做回自己，讓愛繼續如常流動，為什麼可以不擁抱悲傷呢？

因為那些濕鼻子的四腳小東西，總是能用柔順又溫暖的毛瓦解我們悲傷的盔甲，因為被我們愛過的身體，都存在愛的回憶，毛孩無法放著我們不管，總是在經歷一支支針劑、一個個難吞的藥之後，就算是身體與腳步稍微變形了，還是會回到我們的身邊，直到我們可以把眼淚變成陪伴疾病的肌肉，毛孩才會輕輕地跟我們告別。

相愛是一種學習——學習面對失去、學習面對事與願違、學習相信相愛從來沒有白費。所以不管是得到了腫瘤或是其他更難熬的病，我們的動物小孩都不會執著在生病上，毛孩依舊關心我們是否會笑、依舊在意我們是否沮喪、依舊因為我們嘆氣而想輕拍我們的頭。動物啊！怎麼會這麼愛我們，連我都要再度愛上自己了！那就是動物反覆在告訴人類的事，即便在生病著。

你覺得動物小孩、動物陪伴者想要教你什麼呢？

你準備好受教了嗎？

如果還沒想好、看看這本書，當作一個練習本，我們一起來學學。

謝謝芮妮醫師，願意當自己與動物的陪伴者。

「芮妮・阿爾薩拉夫是專門治療動物癌症的醫生，卻變成了癌症病患，她在《坐下、等等、好了：罹癌寵物教我們的人生功課》中分享了深刻的心得和啟發。身為腫瘤專科獸醫的芮妮在抗癌過程中，從狗病患身上找到勇氣、樂觀和接納。這本書字字珠璣、情感真摯，將在你的心中留下久久不散的餘韻。」

——約翰・葛羅根（John Grogan）／暢銷書《馬利與我》（*Marley & Me: Life and Love with the World's Worst Dog*）作者

「傷疤是美麗的，它是光榮的存在，提醒我們自己勇敢地活了下來。」

——麗莎・特克斯特（Lysa TerKeurst）／心理勵志書暢銷作家

「我發現，當你心煩意亂時，狗兒默默守在一旁的陪伴是無可取代的。」

——桃樂絲．黛（Doris Day）／美國演員

「芮妮．阿爾薩拉夫醫師和她四條腿的病患一起經歷了一場觸動人心的旅程。如果你跟我一樣愛狗，這本書會讓你對牠們更加疼惜。」

——迪莉婭．艾芙倫（Delia Ephron）／《離開第十街的公寓》（*Left on Tenth: A Second Chance at Life*）作者

「在這本睿智又溫馨的回憶錄中，芮妮．阿爾薩拉夫醫師對兒子說：『每隻狗都獨一無二，教會我們不同的課題。』對讀者來說幸運的是，這位腫瘤專科獸醫分享了她確診癌症後，從四條腿的病患身上得到的啟示。本書坦率、優雅又暖心，動人地記錄了備受敬重的獸醫和難以忘懷的毛孩之間療癒的故事。」

——吉莉安．梅多夫（Jillian Medoff）／《當時我們聰明又美麗》（*When We Were Bright and Beautiful*）作者

「這本書充滿智慧又感動人心，芮妮·阿爾薩拉夫娓娓道來毛孩和人類對抗病魔的心路歷程，引領讀者探索健康和幸福快樂的意義，為愛狗人士和抗癌鬥士帶來溫暖的慰藉。」

——《科克斯書評》（*Kirkus Reviews*）

目錄

黛西是不可或缺的家庭成員，牠帶來了歡樂，也是忠貞的同伴，總是花很長的時間待在小主人凱西身邊。黛西看不見殘疾，只看得見凱西，不在乎她是否能夠說話，黛西知道凱西想要表達什麼，因為牠對她有著深刻地了解。

比恩醫師經歷了許多苦難，接受各種化療方案、放射治療和實驗性藥物，賓

利從來都沒有離開過他身邊，願意隨時陪伴主人，搖著尾巴，開心地享受共處的時光。賓利活在當下，接受每一天的喜怒哀樂。

卡斯莫
——熱愛渡假游泳的大齡黃金獵犬
卡斯莫的病情大有起色，家人決定進行一年一度的旅行。牠興奮地在美麗的林蔭道路健行，就像一隻幼犬，走在全家人的最前面，四處嗅聞探勘。當牠走到湖邊時，一躍而下游起泳來。
079

狄更斯、鼓手，以及紐頓首部曲
——我的夥伴們，從蘇格蘭㹴犬到摯愛拳師犬
牠們是我的開心果和救生索，在我缺乏信心時，給我安全感。牠們更是我最堅定的朋友，帶來陪伴、歡樂以及逃避現實的管道。最重要的是，牠們讓我愛牠們，也全心全意地回報這份愛。
097

紐頓二部曲
——我家最溫暖的重要成員拳師犬
我好愛紐頓，好愛牠溫暖的棕眼，好愛牠皺巴巴的臉抬頭望著我。我怎麼想並不是重點，我這麼告訴自己，但我需要牠。
125

紐頓三部曲
——再見了，我的四條腿家人
要和心愛的同伴說再見從來都不容易。無論日子是好是壞，寵物都給我們無條件的愛、支持和陪伴。牠們與我們共度歡樂時光，當外面的世界變得殘酷時，牠們也依偎在我們身旁。
239

達絲蒂和卡莉
——被偷吃烤肋排的喜樂蒂治癒，重新牽起拳師犬出發
每個人都會有過不去的坎，腦袋裡的嗡嗡聲讓我煩惱，我一直嘗試消除這些雜音，並提醒自己，哪些事才是值得的。我們要哀悼到什麼時候？我總是告訴飼主，時機到了，就會知道，也許我應該聽聽自己的建議。
261

結語 281

致謝 282

—獻詞—

獻給所有曾經陷入掙扎的人，
你們因為身旁有四條腿、會搖尾巴、
鼻子溫暖潮濕的朋友而度過難關。

我作為腫瘤專科的獸醫，已經二十九年了。基本上，我專門治療罹患癌症的動物，以貓狗為主，但偶爾也有雪貂、兔子、鳥或天竺鼠。

別人總是問我：「妳怎麼有辦法做這樣的工作？」他們覺得要全職面對罹癌動物很不好受，所以聽到我說感受到的快樂比悲傷還多，都很驚訝。我提供諮詢、化療（Chemotherapy）、放療（Radiation Therapy），甚至可能推薦手術。我試著不讓飼主有不切實際的希望，盡量讓他們能和寵物再一起度過一個夏天或幾年的快樂時光。這是一個很消耗情感的職業，但也帶來滿滿的活力。

動物病患不會對我們說話，因此獸醫必須利用同理心再加上檢驗報告，來找出牠們感到不適的原因，並幫助牠們復元。動物即使無法言語，還是會表達感受：像是搖尾巴、給我們親吻，或是狂吠低吼和齜牙咧嘴。只要能讓牠們感覺好一些，我的心情也會變好。事實上，這份工作為我帶來喜悅。

寵物是很棒的存在。說真的，「寵物」這個詞不太適合用來形容動物的特殊地位，以及牠們和人類家人之間的深厚情感。牠們願意在我們不順心時付出無條件的愛，我們依靠甚至依賴牠們。

我有幸可以見到人類和動物之間這種最深的羈絆。這樣的力量是超越金錢、年齡和種族的，而且不帶任何批判。在某些例子中，只有寵物能讓主人感到完全自在和被愛，在牠們面前沒有包袱，不必裝模作樣。我們的四條腿同伴接受我們原本的樣子，對我們的理解比想像得還要多。

不過，有些人不了解也想不透這種羈絆，或許他們還沒有給自己機會去感受。這些與動物絕緣的人，會斥責把心思投注在寵物上的飼主，問道：「你怎麼能花那麼多錢幫狗治療癌症？再養一隻不就好了？」可悲的是，這個問題我被問過無數次了。但愛動物的人了解這個道理——我們的寵物是無可取代的。牠們不是家電，而是活生生地、會呼吸的無辜生命，在我們的人生中，也在我的人生裡占有一席之地。

在獸醫界裡，快樂的狗兒就算被確診疾病，也還是一直很快樂。牠們啃骨頭、對著郵差吠叫，並繼續嘗試偷偷爬上沙發，即使主人不准牠們跳到家具上。難以調適心情的是人類家屬。

我為許多家庭提供過諮詢，跟他們坐下來聊聊對寵物的愛，以及即將因死亡而分離的哀傷。他們的寵物從來都無法理解，為什麼主人這麼難過。有人會說，人類有別於其他動物，甚至比牠們高等，我們有良知，能夠「思考」和感受，但或許四條腿的同伴也有值得讓我們學習的地方。所有貓狗都活在當下，無憂無慮，牠們不會把時間浪費在擔心未來會發生什麼事，或是自己還會活多久。人類花很多時間思考假設性的問題，煩惱可能出現的結果，再好的結果都不一定令我滿意。但煩惱個沒完沒了對我們有好處嗎？至少對我來說，沒有。

我很想跟我的動物病患一樣活在當下，但有時真的很難做到。我說這句話的同時，車子停了下來，我下車走入癌症治療中心。那是一棟灰色的大型建築物，醫護和支援人員在裡面忙碌奔波，我不是來工作的。今天，我是病人。

沒錯，我是一個罹患轉移性癌症（Metastatic cancer）的腫瘤專科獸醫。我專門醫治動物癌症，而自己也得了癌症，所以才會來到這棟灰色的大型建築物。現在輪到我經歷許多人經歷過的「那個病」。

我很討厭說出自己得了什麼病。我每天都在治療病患的癌症，但當自己也確診時，我只能稱呼它「那個病」。這樣不正常？也許吧，但我就是討厭「癌症」兩個字，一談起它，人們馬上會感到焦慮和恐懼，而我也不例外。得了這種病就像突然挨了一記悶棍，殺得我措手不及。

我沒辦法「承認」自己陷入掙扎，也不樂見這件事發生，但會盡其所能對抗它。既然要獨自奮戰，就會毫無保留地投入，我不喜歡需要幫助的感覺，也不擅長求援。然而，我知道這一路上還是會需要幫助，家人也是。我在精神崩潰時，請求了朋友的支援。我身為媽媽，應該要在兒子大考前幫他抽考，也應該陪著他完成大學申請，但如果我因為治療而病懨懨，就無法承擔這個角色，他必須要照顧我嗎？他會可憐我嗎？或是覺得我讓他感到羞恥？

只要不失去希望，我就能面對任何戰鬥。如果得到噩耗，至少我會知道，在我活在這個世界上的短短時間內，我已經努力讓自己變得更好。我全心全意地愛著我的孩子和丈夫，也會一直珍惜友誼。我非常感激能夠在獸醫領域工作，這些年來，我從動物病患身上學到了好多。我和牠們的主人一起歡笑、一起哭泣，我很熱衷於給予這些家庭更多高品質的時間和心愛的寵物相處。不過，現在我希望自己也能有再多一點點的時間。

黛西
Daisy

為守護小主人，
無師自通治療的可卡犬

黛西是不可或缺的家庭成員，牠帶來了歡樂，也是忠貞的同伴，總是花很長的時間待在小主人凱西身邊。黛西看不見殘疾，只看得見凱西，不在乎她是否能夠說話，黛西知道凱西想要表達什麼，因為牠對她有著深刻地了解。

今天早上，媽媽本人壓力很大。我的丈夫麥克（Mike）老早就出門了，算他幸運。家裡的高中男孩還在死命賴床，狗兒則決定在我親愛的兒子彼得（Peter）昨晚沒拿出去的垃圾中覓食。我一邊瘋狂地清掃、一邊吼著兒子，要他趕快準備上學，以免「又」被記遲到。我開車上班時，緊握著方向盤的手指都泛白了。

我終於來到辦公室，心情有點暴躁和緊繃，但至少抵達了。九點有個預約的新病患，到了九點十五分，我開始坐立不安，人呢？我很討厭事情被拖延，這會讓我感到有壓力，或者應該說，我讓它給我帶來壓力，因為遲到的客戶有可能會導致我整天的行程都被延誤。我去候診室確認時，一名臉上掛著微笑的金髮女子正好走了進來，忙得滿頭大汗，她有點狼狽，但很開心，使勁地想要把一輛巨大的金屬嬰兒車推過門框。再仔細一看，那並不是嬰兒車，而是載著她九歲女兒凱西（Kathy）的輪椅，這個女孩被安全帶固定住。凱西的身旁還有一隻十一歲的可卡犬（Cocker），氣喘吁吁又急切地拉扯狗繩，身上穿著藍色的公主裝，就像《冰雪奇緣》（*Frozen*）裡的艾莎（Elsa）。

這隻汪星球的艾莎名叫黛西（Daisy），上星期被診斷出癌症。飼主強森

（Johnson）家先前注意到牠的脖子下方有腫塊，才發現了淋巴結腫大。牠平常看的獸醫取了檢體，報告結果為惡性。強森太太帶了切片檢查報告、血液檢查報告、黛西過去的病歷和胸部X光片來給我看。她拿著這一大堆東西，一邊推女兒、一邊牽狗繩的樣子令人印象深刻。黛西得的是淋巴瘤（Lymphoma），狗兒最常見的癌症，但牠看起來毫不在乎，用力地搖著粗短的尾巴，整個屁股都跟著晃動。進入了小小的檢查室後，黛西沿著周圍東聞西聞，認真想找出之前誰在這裡，並熱切希望能在某個角落發現一塊狗餅乾。

我把黛西抱到檯子上進行身體檢查，必須承認，我從沒為任何裝扮成艾莎的狗兒做過檢查，尤其是這個艾莎一直想舔我的臉，真是隻又傻又討喜的狗兒。在檢查這隻可卡犬時，我注意到牠有十個明顯的淋巴結腫大，而且還有一點心雜音。黛西的病歷顯示，牠還在幼犬時就有心雜音的毛病，但之前的心臟超音波並沒有檢查出結構性問題；幸好，這部分我們不需要擔心。

我把黛西放回地上，牠有點重，裙子都快穿不下了。我向強生太太說明病程以及多種治療選項，化療是治療這種癌症的最佳方案，我們無法治癒這個疾病，但化療通常可以緩解癌症，讓黛西在接下來一年多的時間擁有好的生活品質。「緩解」代表牠所有的淋巴結都會回復正常，雖然我們可以消除癌症所有的臨床證據，但癌細胞最終還是會產生抗藥性，淋巴瘤就會復發。治療需要經常去動物醫院，可能所費不貲，我們討論出三種不同的方案，考量治療次數、預後情形和相關費用。普賴松（Prednisone）是一種類固醇藥丸，有助於減緩淋巴瘤的進程，能維持幾個月，強烈推薦給選擇不接受化療的飼主。我從來都不去評斷或揣測一個家庭是否會為寵物選擇化療方案，有很多需要考量的點：例如飼主帶寵物就醫的時間彈性、檢查和藥物的費用、家庭對副作用的忍受度。在人類醫學中，我們多半會盲目地遵循醫師提供的治療途徑，獸醫學的治療比較偏向個人選擇。

強森太太皺著眉頭問道：「如果黛西狀況良好，錯過幾次治療應該沒關係吧？」我看得出來她正在拚命動腦筋。

我回答她：「這樣並不理想。我了解每個人難免都會遇到突發狀況，像是休假、暴風雪，但為了讓癌症不要惡化，最好還是盡量照著療程走。」

「這樣啊，那我再喬喬看。」她低頭看著地板說。「有時候我們得在兒童醫院待上幾個星期。」

「這並不容易。」我說道，試圖讓她安心。「妳們承受了很多，我們會盡量配合們的行程。」

如果強森太太選擇只用普賴松來治療，這樣的做法是可以理解的。她們為了照顧有特殊需求的女兒已經疲於奔命，凱西不會說話，但會使用一些手語；她也無法用嘴巴吃東西，家人透過一條直接插入胃中的管子餵食女兒。凱西用她的黑眼睛專注地看著我，然後在我望向她時，偷偷地移開視線，她回頭瞥了一眼，露出燦爛的笑容，照亮整張美麗的臉龐。想想我剛才竟然還為了早晨的交通和遲到這種小事而感到壓力大。

當我被告知罹癌時，感覺天好像塌了下來，到現在那種可怕的空虛感仍揮之不去，我不停地在腦海中重播那一天的畫面。

那是在七月三號的晚上七點。我在診所裡忙了一天，回到家後還沒有時間換衣服，仍穿著一件拉鍊在背後的深藍色無袖洋裝，裙襬黏著幾根白色的狗毛。我們正為隔天的大型國慶日派對準備著，將會有十七名大人和八名小孩來參加，我的冰箱裡堆滿了等著上鍋煮的漢堡排和熱狗。

電話響了，我接起電話，講完後在廚房的臺階上坐下，低垂著頭。思緒混亂，同時又一片空白，我努力抑制不斷湧上來的情緒，但它們還是衝破防線，在腦中大聲地嗡嗡作響。

奇怪的是，對一個平常樂於分享感受的人來說，我很難理清這些情緒。第一個念頭是，為了退休存那麼多錢實在是太浪費了，我告訴丈夫，反正錢也帶不走，不如去買點東西好了，或是買很多東西。我自以為幽默，他並不覺得好笑。

接下來我開始擔心可怕的副作用，以及這一切對我的家人會有什麼影響。雖然兒子還在唸高中，但一想到我可能活不到會對他和他未來的家人造成負擔的年紀，不禁悲從中來。我從來沒有這麼無助過，深刻地意識到這樣的打擊隨時都可能發生，各種假設性問題更是加深了我的擔憂，我可以堅強地挺過暴風雨，但如果季風、地震和天堂之火接二連三地來襲，我不確定自己是否承受得住。

我們取消了國慶日派對，在這種情況下，實在是沒心情慶祝。我想起了我的病患，毛孩們真幸運，不像人類（或我）有那麼多的擔心，我的狗絕對會繼續跟朋友開派對並樂在其中，尤其又可以吃到一大堆牛絞肉和熱狗。反觀自己，留下這麼多食物，最後只能送人，不然就全浪費了。我們鬱鬱寡歡地度過了國慶日，本來此刻身邊應該要圍繞著我們深愛、也深愛我們的人才對。

當我打開人類癌症中心的大門時，完全開心不起來；我的狗病患來到診所看到員工時通常都很高興，牠們會搖著尾巴走進門，期待得到一塊餅乾。癌症中心的人從來沒有給過我GODIVA巧克力，要是有人能興起這種潮流就好了。老實說，當我走進電梯按下六樓的按鈕時，感到恐懼萬分。想法在腦中亂哄哄的，經過治療後我會變成什麼模樣？別人會怎麼想？我知道這些煩惱很膚淺，但它們還是給我帶來了排山倒海的壓力。狗被戴上項圈和牽繩，但是被不安全感、假設性問題和自我懷疑所束縛的是我們人類。不過，一個人的價值不需要前提。

恐懼沒有削弱我的意志或決心。我抬頭挺胸，報上名字，即將和腫瘤科醫師會面，討論作戰計畫，我會為這場戰鬥做好準備，帶入所需的一切。我的身體因為子宮手術還在復元中，當時一得到初步的診斷結果，就馬上動了手術。謝天謝地，併發症並沒有找上我。我很快地發現到，一場手術可以讓我的走路姿勢變得跟我那老父親一樣，但他活了八十一年才開始稍微彎著腰、拖著腳走路。別誤會我的意思，我很愛我爸爸，但還不想要像他那樣。

不幸的是，儘管病理報告良好，我的腹膜（下腹部）有一個三公釐的轉移性腫瘤（擴散）。醫師告訴我，我需要化療和放療雙管齊下，才能對抗癌症。在接下來一個多星期的時間，我還會再去看兩位醫師，那時才能有完整的計畫。比較有可能的做法是，一旦從手術中完全康復，我將進行五個半星期的放療和數不清的化療，整個過程會花上好幾個月的時間。事實證明，我是一個相當虛榮的人，因為我很難過頭髮會掉光。

一般來說，毛孩接受化療並不會失去毛髮，因為動物的毛髮型態和人類大不相同，你會因為小貓咪毛髮太長而帶牠去修剪嗎？不會。大部分動物的毛髮長到一定程度就會停下來了，處於靜止期，但人類的頭髮卻會一直長、一直長。化療的目標是消滅生長最快速的細胞，所以頭髮只好壯烈犧牲，動物就不是如此。犬類當中不容易導致人類過敏的品種則是例外，像是貴賓犬（Poodle），牠們的毛囊跟人類比較像，會持續生長，所以接受化療也會掉毛。

跟失去性命比起來，失去頭髮根本不算什麼，但它帶來的暗示令我難以忍受。如果頭髮掉光，就會看起來像是得了「那個病」，我不想把弱點暴露在敵人面前，這包括三千煩惱絲留不留得住的問題。有些狗兒在受到威脅時，會豎起頸背部的毛，讓體型看起來比對手還要壯碩。我想要否認「那個病」把我擊倒，我想要看起來比對手還要壯碩，但也許這就像試圖抵抗地心引力，充其量是在虛張聲勢。

讓我傻眼的是，一大堆沒有得「那個病」的路人甲們，雞婆地來告訴我該怎麼做。這就像一個陌生人跑去摸孕婦的大肚子，然後自顧自地給這位未來媽媽「良心建議」，該怎麼養小孩啦、要幫小孩取什麼名字等等。有人告訴我，我應該先把頭髮剃光，即使目前看起來還很正常。首先，我本來就不喜歡別人對我指手畫腳；再來，你是認真的嗎？！對我來說，剃光頭髮等於是放棄了，我的原則是繼續奮戰。我會跟著船一起沉下去，或至少知道何時該解開救生艇。腫瘤科醫師就該有這樣的良好特質，不管是治療人還是動物。

強森太太決定讓黛西接受最先進的化療，而且希望馬上開始。她跟我聊了一下家裡的狀況，說她們真的很需要這隻小小的可卡犬，黛西是不可或缺的家庭成員，家人都很愛牠。黛西帶來了歡樂，也是凱西忠貞的同伴，總是花很長的時間待在這個小女孩的身旁。凱西的雙手和手臂不聽使喚，無法幫黛西打扮，她連自己都打扮不了，所以父母化身造型師，把黛西裝扮成她最愛的迪士尼（Disney）公主艾莎。凱西依賴父母（和她的狗）做很多我們習以為常的事。可以看得出來，雖然黛西沒有受過任何正式訓練，但牠成為了癲癇發作警示治療犬（Seizure-Alert therapy Dogs）。某次在凱西癲癇發作前，黛西向家人發出訊號，讓大家得以及時做出反應；諷刺的是，黛西自己也有癲癇，幸好情況藉由藥物控制得很好。最重要的是，黛西看不見殘疾，只看得見凱西這個充滿愛心的女孩，不在乎她是否能夠說話，黛西知道凱西想要表達什麼，因為牠對她有著深刻地了解。

強森夫婦身為父母，不知道該怎麼向女兒開口，黛西可能時日不多。強森太太凝重的臉龐說明了一切。對任何父母來說，要跟九歲的孩子解釋毛孩的不治之症本來就不容易，更何況是強森這樣的家庭。黛西不僅僅是心愛的家庭成員，也是支持照顧凱西的一大功臣。

強森太太說：「醫師，我們真的需要妳讓牠活下去。」

我心想，這給我的壓力也太大了吧。

我說：「我們會盡力而為。」然後給了她一個擁抱。有時，我們都需要好好地抱一個。

我從強森太太手中接過牽繩，黛西沒有遲疑，牠跟著我走到後面，很好奇那邊有什麼，後面會有人像對待自己的寵物一樣照顧牠。我的其中一名技師卡西迪

（Cassidy）特別喜歡可卡犬、雪納瑞犬（Schnauzer）和比特犬（Pit Bull），很奇妙的組合，但我知道她會因為黛西的品種又更愛牠一點。這裡所有的腫瘤專科獸醫技師都會小心翼翼地執行化療，幫助牠活下去，並給牠兩（或三）塊餅乾當作獎勵，這在黛西的眼中可是很大的報酬，牠顯然很愛這些點心。

毫不意外地，黛西是一隻適應力非常強的狗，牠順從地跳上治療檯，讓我們做該做的事。我的團隊圍繞著這隻穿著藍色洋裝的小心肝，卡西迪被牠的可愛融化了，她開始專業地發出咕咕聲和寶寶音，同時撫摸黛西的耳後，狗兒靠向她；很顯然地，這隻狗到哪裡都可以交朋友。

我向團隊說明黛西的病況，以及強森太太決定做哪些治療。為這隻可卡犬量過體重之後，我計算出牠的藥量，並告知腫瘤科總技師潔姬（Jackie）。我必須減少一點劑量，因為牠的體重有一部分是腰間贅肉，而非肌肉量。跟在人類醫院一樣，進行化療時，我們必須謹慎地為每個病患校準，也不能讓員工暴露在化療的風險下，尤其這是一個不斷重複的過程。

一向一絲不苟的潔姬做了進一步計算，然後開始療程。如同每一次的化療，團隊成員都穿著手術衣，外面套一件藍色的化療防護衣（也就是像藍色小精靈〔Smurfs〕那樣），再勤勞地戴上化療防護手套，完全包得緊緊地，另外還會戴上護目鏡來保護眼睛，並在生物安全操作櫃中調製藥品（想像一個巨大、呆板的機器，它有大型高效濾網和風扇，從屋頂排氣）。潔姬把她又黑又長的頭髮綁成馬尾，以免妨礙黛西的化療。

當我自己接受化療時，身上穿著瑜珈褲（從來沒有穿去上過瑜珈）和拉鍊式長袖帽T，而不是像黛西這樣的藍色洋裝。我很好奇，要是我扮成艾莎去做化療，我的醫師會怎麼想。我沒看過我的治療團隊調製藥品，這項工作由醫院的藥局完成（很難相信他們把我的藥物稱為「雞尾酒」，「服務生，可以來一杯柯夢波丹〔Cosmo instead〕嗎？」）負責照顧我的兩名護理師來到我的病房，帶著化療藥和填滿藥物的注射器，以減少任何噁心或過敏反應。她們把這些東西掛在我床邊的金屬架上，看起來要打好多針，有點嚇人，而且護理師還都全副武裝，我覺得很沒有安全感。幾十年來，我一直保護自己不要去碰到這些可怕的藥物，現在卻坐在這裡，門戶大開，我是全場唯一沒有穿戴任何防護裝備的人。更糟的是，她們要把這些藥物打進或滴進我的血管裡好幾個小時，這有很大一部分與我執業時必須遵守的安全措施背道而馳，但我在這裡是病人，不是醫師。

我們把黛西放在治療檯上，讓牠像人面獅身像（sphinx）一樣躺著，前掌伸出來。卡西迪輕輕地按住牠，同時另一名技師在牠的右前腳上找血管，這並不容易，因為黛西有濃密的金毛，但我的團隊經驗豐富，迅速裝好蝴蝶導管。黛西是一隻對人非常信任又冷靜的狗兒，牠毫不畏懼。卡西迪按住黛西時，她的金髮垂在狗兒的背上，我想古人說得沒錯，有些人的確跟他們最喜歡的狗兒品種長得很像！我不確定自己是不是這樣，但我喜歡身體皺巴巴、臉也皺成一團的毛孩。

黛西透過輸液塞（access port）接受化療，不用幾分鐘就結束了，牠坐起來，搖著尾巴，毫不在意剛才發生了什麼事。狗兒接受了這一切，高高興興地繼續過著牠的「狗生」，沒有回頭也不會擔心。

至於我，則是十分煩惱化療會帶來什麼副作用。我告訴自己，只要知道負面的可能性有哪些，就能事先用意志力避免它們發生。我很清楚，要掌控結果需要很大的力量，但我想像自己應付得來。

我把黛西帶回候診室，強森太太和凱西耐心地坐在那裡。

「黛西看起來很有精神！」強森太太驚呼。「治療做完了嗎？」

「是的，黛西表現得很好。」我向她保證。「但以防萬一，必須帶這兩種藥回家。」我交給她一個袋子，上面寫著狗兒的名字。「不舒服就要服用，我們不希望出現任何副作用。如果黛西拉肚子，或看起來像在作嘔，請馬上餵牠吃藥，讓牠能有好的生活品質是最重要的事。噢，還有，我們明天會打給妳，確認牠的狀況。」

「好的，非常謝謝妳。」強森太太熱切地說道。我們再次擁抱，我可以感覺到她的肩膀放鬆了下來，好像整個身體都呼出長長的一口氣。

「要不要幫妳把東西搬到車上？」我提議。這位媽媽需要幫手。

「不用，我沒事，謝謝妳的好意。」她說道，一手推著凱西的輪椅、一手拿著黛西的牽繩、X光片和藥袋。

隔天，我打電話給強森太太，詢問黛西化療後的狀況。

「黛西看起來比之前好多了。狗狗經過治療後，都會變得更有活力嗎？」

「不少人問過我這個問題，很多狗兒的確在經過化療之後覺得好多了。我想我們沒有意識到，癌症會讓寵物在家裡變得比較安靜，奪走牠的一些能量。有些人會歸咎於關節炎或年紀，直到狗兒接受了化療，才發現原來是癌症導致牠無精打采。無論如何，我很高興牠精神不錯。」

強森太太停頓了一下，接著問：「為什麼黛西會得癌症？我有什麼地方做得不對嗎？」我聽得出來她話語中的罪惡感。我被問過無數次，是不是喝的水有問題、吃的東西有問題、草皮上的化學藥劑有問題等等的例子不勝枚舉。

「黛西的癌症不是妳造成的。」我開始說。「寵物得癌症，和人一樣，發生的原因千千百百種。某些癌症在某些品種上特別容易得到，是因為基因的問題；某些癌症在家裡有人抽菸的情況下，發生率較高；某些癌症可能是陽光造成的。甚至有一種狗兒的癌症是透過性交傳染的！再以貓來說，染上貓白血病病毒（leukemia virus，很爛的名稱，因為這根本就不是什麼白血病）的貓當中，有三分之一最終會演變成罹癌。」

「所以黛西得癌症不是我害的？」

「完全不是。淋巴瘤經常（但並非總是）透過基因傳播，可以回溯到很久很久以前。即便如此，動物長久以來一直都會得癌症。我們有證據顯示，連恐龍都會罹患某些惡性癌，像是骨癌和白血病。妳把黛西照顧得很好，給牠吃高品質的食物，也給牠很多的愛。」

「是牠把我們照顧得很好才對。噢，我忘了問，牠會掉毛嗎？」

「應該不會。接受化療的貓不會掉毛，大部分的狗也不會，因為黛西的毛髮和人類的頭髮不一樣。」

「真有趣。」她說。「不過，就算牠禿到一根毛也沒有，我們還是一樣愛牠。」

通話到這裡結束。

一星期後，黛西過來回診，和上次一樣，強森太太用輪椅推著凱西同行。我在候診室向她們打招呼，彎下腰問凱西，今天過得好不好，還有狗狗的狀況怎麼樣。她們第一次帶狗兒來諮詢時，她很害羞，今天則是很積極地跟我互動。我告訴凱西，黛西穿艾莎的衣服真好看，她的品味很好。凱西顯然懂得我在說什麼，露出欣喜的微笑。接著，我抬頭望向強森太太，她問我過得如何。

「我很好，謝謝。最重要的是，黛西好嗎？」

她把女兒臉上的一綹黑髮往後撥，同時給我一個溫暖的笑容。

「不說還不知道牠生病呢！這樣正常嗎？」

「本來就應該如此。太開心了！可以的話，我帶黛西到後面抽血，然後做身體檢查。」

「只要妳有餅乾，不管哪裡牠都願意跟妳去。」強森太太眨著眼說。

她把狗繩交給我，我對凱西揮揮手，這個女孩又露出笑容，照亮了整個候診室。黛西跟著我一起走，穿過門，進入腫瘤科治療區。

我把檢查檯降下來，讓狗兒跳上去。檯子再度升起時，黛西乖乖地坐著。卡西迪很興奮能見到她的新朋友，我的團隊為牠抽血，檢查白血球計數。接著我摸黛西的脖子下方，這些淋巴結很正常，再來是肩胛骨前，也就是肩膀的淋巴結，同樣正常；腋窩和腹股溝淋巴結都沒問題，而位於膝蓋後方的膕窩淋巴結則是回復到正常大小。

我想強森母女會很高興聽到好訊息，而我也很期待讓她們知道黛西的檢查結果。確認完血液後，團隊為狗兒再次進行化療，我則回到候診室，臉上掛著大大的笑容，告訴強森太太這個天大的好消息，她流下了一滴淚珠。凱西看著媽媽很快地將它擦去，我給了這位太太一個開心的大擁抱。等了一會，技師把黛西帶過來，我提醒強森太太下星期要再來回診。

強森太太很勤勞地帶著黛西按時回診，每個星期狗兒都會扮成不同的迪士尼公主——貝兒（Belle）、灰姑娘（Cinderella）、白雪公主（Snow White）。但我和凱西的看法一樣，都覺得黛西還是扮成艾莎最好看，牠穿藍色很美。很多次，強森太太都是自己帶黛西來，偶爾凱西會一起來。

某天，強森太太帶著黛西來接受例行的化療時，臉上滿是擔憂。坐在輪椅上的凱西和平常不一樣，看起來悶悶不樂。強森太太告訴我的技師，她注意到黛西身上有一些腫塊，認為癌症復發了。這隻可卡犬竟然沒有扮成公主，凱西的臉上也失去了燦爛的笑容，卡西迪也擔心了起來，把狗兒帶到後面讓我檢查。黛西跳上檢查檯後，我摸了摸脖子、肩膀、腋窩、腹股溝和膝蓋後方的淋巴結。接著保險起見，再重新觸診一次，沒什麼問題，黛西的狀況持續好轉。牠的背上的確有兩個新的軟組織腫瘤，但這跟淋巴瘤毫無關聯。

「真是個乖孩子！」卡西迪歡呼，很高興聽到好消息。她接著把狗兒按住，讓我用針筒取樣。在顯微鏡下，這些組織很明顯是良性的脂肪瘤（lipoma）或脂肪囊腫。黛西是年紀比較大的可卡犬，身上有無數個疣和皮脂腺囊腫。牠的抽血報告還沒出來，我先前往候診室見強森太太，讓她們心情放鬆一點。

「黛西還好嗎，醫師？」她問道，很快地從椅子上起身，藍色的雙眼期盼地盯著我的臉龐。

「黛西沒事。妳注意到的那些腫塊是良性的脂肪瘤，和牠的癌症沒有關係。牠年紀越大，越有可能長出這些脂肪瘤，就像牠原有的囊腫一樣。」

強森太太的表情一掃陰霾。我彎下腰，把一隻手放在凱西的腿上，她了解這是好消息，咧開大大的笑容。

「我們都說那是老太太的疣。」強森太太笑著說。「但不管牠有多少疣，我們都愛牠。在家裡，我們學會讚美所有的不完美。而黛西有很多值得讚美的地方，對吧，凱西？」

她咯咯地笑著說，然後給我一個感激的擁抱。我轉身回到後面，確認狗兒的抽血結果，並核實牠的化療劑量。

強森太太的話值得深思。如果我們都能坦然地讚美自己的不完美，生活可能會少一點殘酷、多一點快樂。此時，我頭頂上的毛髮越來越稀疏，已經正式進入需要「ㄐㄧˇㄚㄈㄚˇ」的階段，我不想說出那個詞，但我想要有備無患，所以考慮了各種選項，包括「自我軟禁」，待在家中直到頭髮都長出來，不過我可能會先受不了了。還有個問題令我不知所措，戴「那種頭髮」讓我覺得自己很假，而我從來不是一個很假的人，我甚至沒辦法貼假指甲，在大家都瘋美甲片的時期也一樣。戴「那種頭髮」或帽子讓我感覺好像躲在面具後面，我想做自己，不管有多少疣。

至於另外一個選項，我聽說有一種冷卻帽，戴在頭上可以保住毛囊，我要再研究一下，看看適不適合我。我知道這樣執著在頭髮上很不理性，如果是我的姊妹淘，甚至是可愛的黛西，不管她們有沒有頭髮（或毛髮），我都不會投以異樣眼光，而朋友對我一定也是如此，但我自己就是會覺得別人都在同情或可憐我。在內心深處，為了親愛的兒子彼得，我不想要看起來「不一樣」，或沒有頭髮（我無法說出口「禿頭」兩個字）。我應該要為了他堅強起來，不要他覺得自卑或可憐我。我想我選對了職業，在獸醫之間流傳一個笑話：我們的病患不在乎我們長什麼模樣，穿什麼衣服，或有沒有把頭髮整理好（頭髮還在的話）；不刷牙也沒關係，這對中學男生來說可能是一份好工作。

五個月過去，還好黛西的狀況一直都很不錯，牠又長了一些疣，但穿著公主裝時，沒有人會注意到。強森太太在照顧家庭和帶狗兒回診之間取得了絕佳的平衡，她能夠如此游刃有餘，讓我相當驚嘆。

但某一天，強森家沒有帶黛西來做例行化療，櫃檯小姐打電話過去重新預約時間，但始終轉進語音信箱。一開始，我沒有多想，人總是會有忘東忘西的時候。不過，隔天她們依舊沒有回電，好像不太對勁，過了幾天還是沒有任何消息，我們又打了幾通電話過去；等了整整兩個星期才再度和強森太太聯絡上。

「一線，強森太太和黛西。」對講機響起，我衝過去接電話。

「嗨，妳好嗎？」我急忙問道。話筒另一端傳來深深的嘆息。

「這幾周我們家出了一點事。」強森太太表示。「真的很抱歉，我們錯過了回診。」

「沒關係。一切都還好嗎？我們很擔心。」

「凱西的病復發了。一開始，我們以為是感冒，但她一直久坐不起，很快地連肺部都受到感染。這種事以前也發生過。」這位母親透露。「她不能呼吸，最後我們不得不叫救護車，給她戴上氧氣罩，送去外州的兒童醫院，她曾經在那裡接受過其他治療。凱西在加護病房待了十天。」

「我很難過。她現在狀況如何？」我小心地開口。

「噢，好多了。我們已經回家。她還是要做蒸氣吸入治療，但好多了。」我從她的聲音聽得出疲憊。

「很高興她沒事。妳是個很了不起的媽媽和堅強的女人。妳們家有妳真好。」接著，我幫黛西預約隔天回診，然後掛斷電話。

我坐了下來，心情還沒有平復。我無法想像這一家人當時有多麼忐忑不安，但同時又多麼堅忍不拔！能見到強森太太和她的狗兒真是太好了。感謝老天，黛西狀況良好，錯過幾次治療應該不至於對牠的癌症有太大的影響。

自從我自己確診之後，跟我相處過的人，每個都說我很堅強，如果換成是他們，不知道有多崩潰。我心想，我們應該對一個正在經歷這一切的人說「你很堅強」嗎？一個人可以天生就很堅強，還是因為環境和條件不得不？當人生遇到打擊時，我們不是都必須變得堅強嗎？不過，和強森家比起來，我的問題根本是小事一樁。

黛西隔天來醫院回診，牽著亮粉紅色狗繩的是筋疲力盡的強森太太，腫瘤科技師開心地向她們打招呼。凱西在家中靜養。技師把狗兒帶到後面，放到檢查檯上。我為黛西進行身體檢查時，大氣都不敢喘一下。「謝天謝地。」我說道，然後才恢復正常呼吸，黛西沒事。這隻可卡犬完成了例行的抽血檢查，並平安無事地接受了化療(和牠的餅乾)。

接下來的一年，凱西又住了兩次院，每次都很嚇人，但強森太太還是能夠在照顧女兒和狗兒之間取得平衡。再過了兩年之後，黛西的病情奇蹟似地維持穩定的狀態，顯然我們的「艾莎」沒有被疾病擊垮。到了第三年，我們只偶爾見到強森母女。

黛西現在十四歲了。在我照顧牠的這些年來，牠從來都沒有表現過一絲慌亂。在這麼多次的回診中，我看見了這一家人對凱西無窮無盡的愛，也從他們身上學到了善良和溫柔。我過去總是說，強森家對凱西的無微不至和對黛西的盡心盡力，已經讓他們在天堂有了一席之地。對我而言，就算他們搶了銀行，還是有資格拿到進入天堂的入場券。能夠以這種微小的方式幫助他們的狗兒，並學習他們的榜樣，我覺得非常有福氣。

賓利

Bentley

平撫主人傷疤的米格魯

比恩醫師經歷了許多苦難，接受各種化療方案、放射治療和實驗性藥物，賓利從來都沒有離開過他身邊，願意隨時陪伴主人，搖著尾巴，開心地享受共處的時光。賓利活在當下，接受每一天的喜怒哀樂。

「嘿，醫師，誰會先死？」

我頓了一下，思緒奔馳。「不好意思，你說什麼？」

坐在我對面的這名男子是在搞笑，還是在找麻煩？

「我說真的，醫師，誰會先死？」

這是我下午一點的約診，跟平常沒什麼兩樣，只不過赴約的是新病患。比恩（Bean）先生帶著狗兒賓利（Bentley）和上星期做的切片檢查結果來找我，牠是一隻下盤很低、過重的三色米格魯（Tricolor Beagle），是九歲大的公犬，已絕育。牠喘著氣地看著我，肚子幾乎垂到米色的亞麻地板上。紅色尼龍牽繩的另一端是貌似六十出頭的飼主比恩先生，他穿著棕色西裝，搭配斜紋軟呢背心，看起來緊張兮兮，腳也不安分地抖動，但在面對不管是治人還是治狗的腫瘤科醫師時，這都可以理解。

我開始照慣例問問題，以便更加了解賓利的情況。「賓利之前有得過什麼病嗎？排尿不順多久了？你看過牠的尿液裡有血嗎？」比恩先生回答得很簡略。他要不是很不想來看診，就是剛好今天心情不好，也許他每天心情都不好。但我要全盤了解過去的病史，才能更順利地照顧病患，所以堅持提問。

「賓利的胃口如何？體重有變輕嗎？」

「拜託，牠可是米格魯！胃口當然好得很。牠看起來像是體重變輕的樣子嗎？」

我勉強擠出一個微笑。這名男子瞪著我，雙手抱胸。我把賓利抱起來，放到檢查檯上，吃力地哼了一聲，看來今天不需要健身了。我開始幫牠做身體檢查，看看口腔、耳朵、眼睛，聽聽胸口，摸摸腹部。

「你介意我幫賓利做直腸觸診嗎？」我問比恩先生。

「我知道妳會做，任妳處置。」他一邊回答、一邊稍微轉過身。

我請一位腫瘤科技師過來幫我按住賓利。沒有人喜歡做直腸觸診，不管是醫師還是病患，但這是工作的一部分，已經比在獸醫學院好多了。為牛隻做評估時，我們的直腸「手套」是一個長長的橡膠袖套，要穿到肩膀以確保衛生。雖然不是最新的流行款式，但強烈推薦給有需要的人。

我戴上檢查用的手套，塗上一點潤滑劑，讓手指比較容易插入。技師按住賓利，牠很乖，沒有亂動。我把食指伸進去，可以摸到前列腺，在已絕育的公犬身上不應該摸到這個器官，除非是受到感染、長了囊腫或得了癌症。不幸的是，賓利的前列腺有三公分，等於是一顆帶殼的核桃大小。此外，腫大的前列腺形狀不規則，而且往上壓迫到結腸，也就是大腸，導致糞便不容易通過。

「賓利有排便困難的問題嗎？」我問比恩先生。

「應該沒有。」他說。

「牠的糞便有沒有變細、變小，或是呈絲帶狀？」

「被妳這麼一說，好像有點細。」

賓利得了前列腺癌（Prostatic Carcinoma），這對狗而言並不是一種非常常見的疾病，但公犬隨著年齡增加，就有可能罹患；貓則是不用擔心，因為牠們沒有前列腺。有時，狗的病情會比人還要嚴重，一部分原因是這種病在動物身上更致命，也可能是因為狗兒無法告訴我們哪裡不對勁，往往較晚才被診斷出來。我建議比恩先生使用軟便劑來幫助他的寵物。

賓利的糞便會變細，是因為腫大的前列腺往上壓迫到腸子，讓腸道變窄，糞便難以通過。雖然美達施（Metamucil）纖維粉有用，但寵物都不喜歡，幸好還有南瓜罐頭這個不錯的替代品。一般來說，狗對這種罐頭的接受度很高，身為吃貨米格魯的賓利，應該會馬上把它吞下肚。

在我治療賓利的那時，要對抗前列腺癌只有化療一途；現在，我們知道放療對這種病也有很好的反應。比恩先生不耐煩地聽我說明各種化療選項。

治療對寵物的效果很好，你可能從來不會注意到，隔壁鄰居的狗兒在做化療。有些毛孩會嘔吐或腹瀉，但不常見。一部分原因是腫瘤專科獸醫給牠們的藥物劑量比人類少，治療的目的是追求更高的生活品質，同時延長壽命，而不是治癒。

雖然比恩先生看起來一副很無聊的樣子，我們還是跟他確認了副作用和費用。幸好，對賓利來說，牠只有百分之十五的機率會感到不舒服，可能會厭食個幾天或腸胃不適。比恩先生大聲地吐氣，我則繼續把話說完。儘管機率很小，但賓利的心臟也許會受到影響，化療藥物可能對心肌造成損害，甚至導致心臟衰竭，我們應該先檢查賓利的心臟，確保結構性問題不會發生。比恩先生說，他沒有別的問題要問了，還得去忙其他的事情。原來比恩先生其實是比恩醫師，他是一名精神科醫師。

比恩醫師看起來雖然很冷漠，但還是選擇讓賓利開始接受化療，他想要盡可能幫助這個四隻腳的同伴。賓利開始發出獵犬獨有的吠叫聲，我給了牠幾塊餅乾，牠狼吞虎嚥地吃下去（牠知道怎麼帶動現場的氣氛）。賓利的療程為每三個星期施打一次靜脈化療，總共五次，每次回診的時間不會超過半小時。但從比恩先生繃著臉、抖著腳的動作可以看得出來，他一刻都不想待在這裡。賓利跟著我到後面，一路上用鼻子貼著地面發掘新氣味。

我的三名團隊成員展開雙臂歡迎賓利，牠搖搖尾巴，又得到了幾塊點心，你可以說這是賄賂，但賓利只看見美食。不管是哪一種，都發揮了功效，牠馬上跟團隊變得親近，他們帶賓利到走廊另一端做心臟超音波。在大型獸醫醫院工作的好處，就是可以跟各科的專門醫師合作，讓寵物得到最好的照顧。我看著牠用鼻子帶路。

賓利側躺在檯子上，一名技師先剃掉牠的一小塊毛，以便放上探頭，讓心臟科醫師進行超音波檢查。他先測量狗兒心臟四個腔室的大小，接著評估血流並進一步做測量。我過去看賓利時，心臟科醫師告訴我，這隻米格魯的心臟沒問題，可以接受化療。

我帶著賓利走回我的診間，兩名技師幫牠做心電圖，作為基準紀錄。有了治療前的數據，我們之後就可以拿去做比對，確保療程沒有造成損害，我們想要盡可能地保護這個重要器官。

技師潔姬開始調製化療藥品，我則走去候診室，將賓利的心臟超音波檢查結果告知比恩醫師，他以茫然空洞的眼神迎向我。

「好，那我們現在就去為賓利做第一次的化療囉。」我輕聲說道，倒退著走回治療室，依然面對著比恩醫師，他的表情始終沒變。

當我走進診間時，賓利再次側躺在治療檯上。兩名技師按住牠，讓潔姬把導管放進右後腿的血管，一次就到位了，這可不是她的初體驗。團隊的每一個技師都穿著防護裝備。

我告訴團隊，比恩醫師很難搞，拒人於千里之外。

「他最好對妳態度好一點。」潔姬插嘴道。「我說真的。」

潔姬總是擔任保護者的角色，捍衛我和其他同事的福祉，身高五呎八吋（約一百七十三公分）的她，從不聽人廢話。

「他還好啦。」我要她放心。「只是怪怪的，我沒想到專門聽人說話的醫師會這樣。」

在接下來十分鐘，紅色的液體緩慢地注入賓利的血管，牠安靜地躺在那裡，聽著我們不斷稱讚牠是「乖孩子」和「好狗狗」來讓牠保持冷靜和放鬆。不過，就算只有十分鐘，感覺還是很漫長。注射器空了之後，技師取出導管，並貼上繃帶加壓止血。賓利又得到了幾塊餅乾，然後我們把牠帶回「爸爸」身邊，這位先生伸手拿過牽繩，轉身離去時，咕噥著一聲幾乎聽不見的「謝謝」。

隔天我打給比恩醫師，想知道賓利做完第一次化療後狀況如何。無人接聽，我留下訊息，但從來沒有得到回音。

三個星期後，這隻米格魯準時出現在診間，四處聞聞嗅嗅。潔姬聽比恩醫師簡短說明狀況。

「賓利最近好像比較安靜。」這位飼主表示。「牠一直在睡覺，也不再對郵差吠叫，但吃東西還是像吸塵器一樣，一下就把食物一掃而空。」

潔姬告訴比恩醫師，她會帶賓利到後面抽血，做完之後獸醫會出來跟他談談。當我見到賓利時，我注意到牠看起來懶懶的，雖然還是想吃餅乾，但已經不再像之前那樣好奇心旺盛。在實驗室進行化驗的同時，我為牠做身體檢查，評估之後沒有什麼大問題，可是顯然有地方不對勁。團隊接著執行心電圖監測，我聽著機器發出「嗶、嗶、嗶」的聲音，幸好這不是牠無精打采的原因。此時，我收到了剛出爐的抽血報告，賓利的白血球數很低，我們需要白血球來對抗感染，身體會在骨髓製造這些生長快速的細胞，而化療主要攻擊的目標是生長最快速的細胞。我請技師幫賓利量體溫，測出華氏一百零三點八度（約攝氏三十九度），雖然高，但沒有高到對狗產生危害。貓和狗的體溫都比人類高，一般而言，華氏一百到一百零二點五度（約攝氏三十七到三十九度）都算正常，但對一隻沒有處在壓力之下又白血球數很低的狗來說，華氏一百零三點八度令人擔憂。

我想起自己某一次化療後的感覺。那次做完過了兩個星期，我狀況很差地回到醫院，一點活力也沒有。抽血員採了血液樣本，結果發現，我的嗜中性白血球數（專門對抗感染的白血球）極低，一般最低也要有一千六百個，但理想狀態是三千個以上，我卻只有一百！在這種時候，稍微有點知識都曉得事情不妙，我嚇壞了。我很清楚自己面臨的風險和最壞的可能情況，這麼低的白血球數會讓我動不動就受到感染，而別人最多不過是打個噴嚏。我也知道這個數字有可能無法回升，儘管機率微乎其微。不算是什麼好消息。

急診室醫師先給我口服抗生素以防感染，再幫我打了一針，讓骨髓得以製造新的白血球，我在家裡也小心隔絕與細菌的接觸。隔天，我又驗了一次血，評估白血球數，很幸運地，我的意志力開始讓白血球數增加。你別笑，我相信這招真的有用。當然，在那之前，我打了三天的針、去了三次醫院和吃了整整一星期的抗生素，但一樣是我用意志力換來的。

我開了口服抗生素讓賓利帶回家吃，以防感染。這隻狗是吃貨，比恩醫師要連續七天、一天餵兩次藥應該輕而易舉。我們把賓利的化療延後了一個星期，如果繼續照常治療，牠的白血球數甚至會變得更低，相當危險。當把賓利交還給比恩醫師時，他連看都沒有看我們一眼，快步走出大門。

隔週，賓利一如既往地準時回到診間，狀態看起來好多了，牠拉扯著牽繩，讓鼻子引導牠尋找新氣味，不再無精打采。卡西迪把這隻米格魯帶到後面檢查白血球數，我則為牠做身體檢查，這次還加做了直腸觸診。牠站得直挺挺地。雖然我還是摸得到前列腺，但尺寸已經縮小到二點二五公分，少了零點七五公分，一次化療能有這樣的成果很不錯。我的技師拿著狗兒的抽血報告回來，幸好結果顯示牠的白血球數恢復了正常。我向比恩醫師說明這兩項令人開心的結果，但他聽到好消息之後，依舊面無表情。我再度跟他確認賓利接下來的療程，說我們會降低一點劑量，希望牠的白血球數不會像上次那樣，驟降到危險的程度。比恩醫師點點頭，表示同意，但一個字也沒說。我看著這位精神科醫師幾秒鐘，然後轉身回去照顧賓利。療程順利地結束，比恩醫師帶著他的狗兒匆匆離去。

賓利第四次回診時，我走到候診室，在比恩醫師身旁坐下。他抖著右腳，看向我，我也回望他。要治癒和照料一個人，或甚至是四條腿的毛孩，需要所有參與者的理解和同情。我向他釋出善意：「你今天過得好嗎，比恩醫師？」

「妳一直沒有回答我的問題。」

「哪個問題？」

「誰會先死，我還是牠？」

我仔細看著他的臉，試圖找出他這麼問的原因。我的確有年紀很大的客戶，養了年輕的狗兒，不知道自己的體力能不能追上精力旺盛的幼犬。那種擔憂可想而知，但現在的狀況我就百思不得其解了，比恩醫師不過六十出頭，從各方面來看，應該滿健康的。當然，我也以為我很健康，卻被告知得了「那個病」，所以誰知道呢？

比恩醫師開始侃侃而談。他帶賓利回診了這麼多次，似乎都把心事藏在心裡，今天他終於敞開心房，隨著話語從口中宣洩而出。比恩醫師臉上的線條變得柔和，他放鬆了下來，肩膀也不再僵硬。

他告訴我，他很喜歡當精神科醫師，並相信醫學界能帶來傑出貢獻。一年前，比恩醫師的腸胃開始出問題，三不五時就會拉肚子和脹氣。幾個月過去，他的臨床症狀越來越嚴重，腸胃問題已經影響到日常生活。比恩醫師的內科醫師安排他去找腸胃專科醫師做大腸鏡，他經歷了每個人聞之色變的檢查準備期：前一晚什麼都沒有吃，喝下怎麼喝都喝不完的可怕液體，還跑了無數趟的廁所。大腸鏡的結果沒有特別之處，不需要擔心。然而，比恩醫師的症狀持續惡化，他試了好幾輪不同的藥物，以為會出現一線曙光，但隨後症狀又全面反撲。最後，過了幾個月，他再次做了大腸鏡，然後是更多的檢查。

「我得了晚期的大腸癌。」比恩醫師透露。我的心沉了下來，我把手放在他的手臂上。

比恩醫師低下頭，盯著地面，賓利在他身旁嗚咽。「我活不久了。」他坦承。

突然間，一切都合理了。得知自己和愛犬的時間都所剩不多，他一定很難接受。我不該以貌取人，認為他對賓利的化療感到不耐，但他其實是對自己的人生感到不耐。比恩醫師告訴我，他經歷了這麼多苦難，接受各種化療方案、放射治療和實驗性藥物，賓利從來都沒有離開過他的身邊。當比恩醫師只能躺在床上復原、希望癌症惡化速度減緩時，賓利也跟他躺在一起，這隻狗兒沒有要求主人跟牠玩球，或帶牠出去散步，也沒有吠叫或嘶吼，而是乖乖待著，讓主人好好休息。

相反地，當比恩醫師狀況好時，賓利也願意隨時陪伴主人，搖著尾巴，開心地享受共處的時光。賓利活在當下，接受每一天的喜怒哀樂。而現在這個男人想要盡其所能地幫助他堅定的夥伴，像當初狗兒為他做的一樣，成為對方的支柱。

比恩醫師來到這間動物醫院，會想起自己正在經歷的過程而感到痛苦不已，但賓利看到我們總是很高興。比恩醫師希望盡量帶給賓利高品質的生活，不管牠能活多久。賓利用來對抗病魔的不是堅忍不拔的勇氣，而是坦然面對每一刻，享受眼前的美好。但可以理解的是，這對比恩醫師來說，顯然並不容易，他非常害怕拋下賓利離開人世，但也極度不願意賓利早他一步先走，承受失去牠的哀慟。

「所以誰會先死，我還是牠？」他再次問道。

這要我怎麼回答？他們正在跟時間賽跑，但誰都不想跑完。這並不公平，至少我的醫療團隊總是對我說：「癌症並不公平。」不過，現在說這句話沒有安慰作用，我不確定這句話在任何情況下能有安慰作用，它是事實沒錯，但不中聽。

「我、我不知道。」我以微弱到幾乎聽不到的聲音，結結巴巴地回答。當獸醫這麼多年，我竟然只吐得出這幾個字。比恩醫師依然望著我。

「我不知道。」我又說了一遍，這次語氣比較肯定。「但我知道，你現在在這裡是為了幫助賓利，而賓利無比快樂。幸運的是，牠沒有出現什麼副作用，做完接下來的療程後，病情應該會持續好轉。你已經給了牠更多開心的日子，我們很難做到活在當下，但賓利就是這麼過活的，牠很高興每天看到太陽升起，每得到一片狗餅乾都興奮得不得了，而且牠很愛跟你在一起。最重要的是，你們有這一段彼此照應的時光。」

我很早就意識到，我能夠如此堅定地對抗病魔，是因為身邊有好多了不起的人，為我帶來一線曙光。在這一切發生前，有一年左右的時間，我有點迷失了自我，沒日沒夜地工作，在獸醫、母親和妻子的身分之間不斷轉換，還要處理日常雜務，把自己搞得很狼狽，而且覺得很孤單。現在回想起來，我不會做出不同的選擇，但罹癌讓我停了下來，有時間找回自我，並學到艱難的一課，了解自己從來都不是一個人。我很珍惜和親朋好友相處的時光，他們總是陪我去接受治療、在我不舒服的時候帶給我安慰。

我慢慢體會到自我照護的重要性。我比較會照顧別人，不太會照顧自己，但正在努力嘗試。我的自尊心以往都來自於完成每日「待做」清單上的事項，還沒有從「對自己好」這件事情中找到快樂，但已經有了起頭。我知道我要為自己補充能量，才有餘力為他人付出，要是空空如也，什麼也給不了。我太慢學到這個教訓，但迫切希望能給我青春期的兒子一個借鏡，他才不會總是把自己放在最後一位，導致操勞過度。我的意思不是說，換一個方式過活，就不會得「那個病」，而是我以前可以像今天一樣更愛自己，人生是不斷在前進的，我還有很長的路要走。但我現在更有警覺，也試著對自己更加寬容，我會好好吃飯、休息，並仔細傾聽身體的聲音，它們已經被忽略了好一陣子，即使其實我有聽見，但直接拋諸腦後。

我忽視的不是什麼特定的症狀，而是身體變得一團糟，它告訴我已經到達極限了。我忙得蠟燭兩頭燒，把自己累個半死，傍晚一坐到沙發上就會馬上睡著，然後又在半夜兩點醒來，滿腦子都是生活中要處理的問題。化妝也遮不住可怕的黑眼圈，還讓濕疹大爆發(而且只長在臉上)，只要我壓力過大，它就會出來開派對。而且雪上加霜的是，我感覺很糟，但還是繼續撐著，我一心認為，應付其他事情比較重要，不必把自己也加到清單裡。

我帶賓利到後面抽血，檢查白血球數。幸好，降低化療劑量的方案收到了成效，賓利的白血球數正常，可以放心進行第三次療程，牠的心電圖和身體檢查也都沒有需要特別注意的地方。賓利很快擺好了做直腸觸診的姿勢，我想牠為了一塊餅乾，什麼都願意做。這隻米格魯的腫瘤縮小了一公分，前列腺僅剩一點二五公分，幾乎摸不到了。賓利側躺著，讓化療藥物注射進牠的左後腿，我的團隊小心翼翼地給藥，而我還在想著剛才比恩醫師問我的問題。

三個星期後，賓利又出現在候診室，牠是來回診的。雖然我和團隊還在後面，但已聽見這隻米格魯的叫聲，該是時候帶賓利過來了！

狗兒的狀況很不錯，比恩醫師這麼告訴潔姬，她現在很心疼這名男子。賓利拉扯著牽繩，迫不及待地想去後面，牠知道我們把點心放在哪裡。為賓利做完身體檢查、直腸觸診、心電圖，並確認白血球數之後，我到候診室找比恩醫師聊聊。他坐在一排空椅子的座位上，臉上幾乎帶著微笑，也沒有穿三件式西裝，今天他穿著卡其褲，搭配深藍色刷毛外套，沒有抖腳，也沒有繃著一張臉，看起來可以說是心情愉悅。我在他身旁坐下。

「你今天過得好嗎？」我問道。

「賓利沒事吧？」

「賓利很好。身體檢查過關，抽血結果正常，我已經摸不到前列腺的腫塊了。噢，牠的體重還增加了呢！你好嗎？」我再次問道。

比恩醫師鬆口氣笑了。「還可以。時好時壞，但今天是個好日子。所以我的狗兒沒事？」

「牠沒事。」我向他保證。我注意到比恩醫師的臉色比兩個月前剛見面時蒼白，身形也消瘦了一些。我問他是否還能照常工作，這讓他談起自己在精神科執業的情況，以及他有多幸運，儘管健康每況愈下，仍舊能坐下來傾聽病人的心聲，為他們指引方向。他告訴我，他有好多病人都有成癮的問題，以及這個現象在我們的社會中有多普遍，流行病雖然讓他不知所措，但還是盡一己之力提供幫助。

在我們坐下來聊天時，腫瘤科團隊認真地為賓利注射化療藥物。結束後，他們把狗兒帶過來，我和比恩醫師的對話也到此為止。

「下次見。」我輕柔地說。

「下次見。」他回我。我感覺得到，他的語氣透出一絲和善。

我每天都會在病患、家人和摯友身上「看見」傷疤，比恩醫師想必看見更多，我自己也累積了越來越多不想要的傷疤。確實，我的腹部因為動手術而有了傷疤，上面還包著繃帶，好像怕我忘記似的，但這些傷疤是可預期的，而且能夠用藥膏和抗生素去除；另一種不斷形成的傷疤更深，也更難撫平。傷疤會影響我們的行動，以及面對人事物的反應，有些人把它們藏起來，有些人則大方地露出來。我身為獸醫的目標是幫助飼主度過難熬的日子，盡量不要讓新的傷疤長出來，並在世界變得殘酷時，給予知識和同理心，一個溫柔的搭肩或真誠的擁抱是不需要藥物的最佳療法。

接下來三個星期，我們忙著接新病患的電話，預約滿檔還是一直有人想擠進來，癌症沒有忙季，但最近不知道為什麼，突然有好多新案子冒出來。要拒絕新病患很難，尤其牠們都在面對某種癌症，飼主憂心忡忡，想要了解寵物的病情。又隔了一個星期，我才注意到，比恩醫師把賓利最後一次回診的時間延後了，他們倆依然準時出現，只不過晚了一個星期。

「嘿，乖孩子，你好嗎？」潔姬問。這隻米格魯抬頭望著她，搖著尾巴，伸著舌頭喘氣。比恩醫師說，狗兒很好，沒有出什麼狀況。賓利大步走到後面，準備好以血液樣本交換幾塊狗餅乾。我依照慣例為牠進行身體檢查和直腸觸診，也評估了牠的心電圖。值得慶幸的是，今天只有好消息要告訴賓利的爸爸，我知道他會很開心。

我前往候診室找比恩醫師，但在看見他時，慢下了步伐，他有點垂頭喪氣，不如以往神清氣爽，面容也略顯憔悴。他穿著一樣的深藍色刷毛外套，但卡其褲換成了灰色的運動褲。不過，他一看到我，就馬上坐直身子並露出微笑，試圖隱藏自己的狼狽。

「嗨，你今天過得好嗎？」我在他身旁坐下，輕聲問道。

「還可以。」他回答。「今天是個不怎麼樣的日子，但我會沒事的。賓利還好嗎？」

「賓利很好。一切都正常。最棒的是，牠的療程結束了！」我露出大大的笑容。「牠過幾個月再來就好，我們只需要確認牠是不是能夠維持這個狀態。到時可能會幫牠做腹部超音波，進一步評估病情。」比恩醫師點點頭，表示同意。

「妳知道最令人難受的是什麼嗎？」比恩醫師吐露。「我媽媽必須看著自己的兒子走向死亡，不該是如此的。」他又說道。

沒錯。她的痛苦和悲傷顯然重重地壓在兒子身上。

「真希望不要走到這一步。」他表示。

我問比恩醫師，我是不是能夠給他一個擁抱，他接受了。

我們擁抱了片刻，他開始抽身時，我沒有放手。有時，當人生盪到谷底，你需要的僅僅是一個真實的擁抱，而我知道，不管這個男人有多拘謹含蓄，在這樣的時候也沒有兩樣。我感覺到他的肩膀放鬆了下來，當他嘆氣時，淚水盈滿了我的眼眶。

我們放開彼此時，賓利正好蹦蹦跳跳地跟著兩名技師前來，我很快地擦去淚珠。狗兒開始吠叫，大家都笑了出來。潔姬、卡西迪和我目送比恩醫師和賓利慢慢地往大門走去，賓利和他兩條腿的家人總是心有靈犀。

賓利做完化療後，我再也沒聽到比恩醫師的消息。我意識到我有多期待他們每次的回診，但願我們能夠聊得更多。

一般而言，在獸醫的世界中，沒消息就是好消息，但我一直很想知道他們後來過得好不好。一年後，我試著在網路上尋找比恩醫師，遺憾的是，他已經過世了，但向他獻上感謝辭的病患人數多得令人驚嘆，他們謝謝比恩醫師改善他們的生活，甚至拯救他們的生命。我有幸認識比恩醫師和他的愛犬賓利，並見證這對摯友如何互相扶持。我到最後都不知道這場賽跑的結果是什麼，現在也不想知道，我寧願想像賓利和比恩醫師再次快樂地陪伴彼此。

卡斯莫

Cosmo

熱愛渡假游泳的
大齡黃金獵犬

卡斯莫的病情大有起色，家人決定進行一年一度的旅行。牠興奮地在美麗的林蔭道路健行，就像一隻幼犬，走在全家人的最前面，四處嗅聞探勘。當牠走到湖邊時，一躍而下游起泳來。

身為獸醫，我每天都很早開始看診，不想為了任何事懸著一顆心，我寧願捲起袖子幹活。

在剛開診的時段中，候診室空蕩蕩、電話也靜悄悄的，這時候來上班很舒服，一切都非常地平靜祥和。

當我去赴自己的放射治療門診約時，如果預約到癌症中心最早的時段，則是完全相反的狀況。中心熱鬧滾滾，一大堆人坐在那裡，等待放射團隊開始上工。每個人到櫃檯報到時，都要報上姓名和出生年月日，感覺就像名字、軍階和編號，而這些士兵沒有一個是自願的。

我們默默地坐著，低頭滑著手機，大家都希望趕快做完結束，有些人得去工作，有些人要回家補眠。我們看起來都有點緊張，至少我是如此，通常沒有人會說話，但我們都知道彼此正在經歷什麼。即便如此，我還是忍不住想要跟坐我旁邊或甚至附近的人聊聊。「你是怎麼進來的？」我有時會這麼問，彷彿罹癌就像被判有罪，而我們都要被送入監牢。我覺得自己很有幽默感，但我想我的「獄友」不見得都這麼認為。

每天都要做放射治療不是一件容易的事，但我很幸運，每次去癌症中心都不是一個人，我心愛的丈夫或其中一位好朋友都會堅持陪著我。不過，我還是認識了幾位女士，並和她們成為「候診室之友」，每次到中心都會找找看她們在不在，希望能見到熟悉的臉龐，問候對方過得怎樣，這些候診室之友都是一個人來的。住在曼哈頓上東區（Upper East Side of Manhattan）的珍妮絲（Janice）來治療乳癌，我們總是會閒聊個幾句，為彼此加油打氣，在等待自己的名字被叫到之前，才不會閒得發慌。大家在意的「必要損失」都不太一樣，對珍妮絲來說，她最怕化療和放療讓她失去眼睫毛；我的眼睫毛早就離我而去。我們稱呼她的眼睫毛為「小朋友」，頭髮掉光這件事沒有為她帶來太多困擾，可能是因為她戴假髮很好看。

一位住在紐華克（Newark）的小姐對於掉髮還很高興，因為她一直想要去除討厭的臉部毛髮，而現在這個問題已不存在。另一位小姐本來就會因為造型時不時剃光頭，所以掉髮也嚇不倒她。第四位小姐不在乎頂上稀疏，再少都要留著。至於我，失去每一個毛囊都要唉聲嘆氣。

回到工作崗位，我進入檢查室和今天第一位病患碰面。卡斯莫（Cosmo）是一隻已絕育、十四歲、八十七磅（約三十九公斤）的黃金獵犬，看過牠的醫療紀錄後，我發現牠過去有一長串的毛病：仍在治療中的甲狀腺疾病、三種已經治癒的癌症、關節炎、膝蓋手術、喉頭麻痺、吸入性肺炎，還有心臟病。在過去幾個星期，卡斯莫的左後腿越來越不聽使喚，牠的獸醫注意到這條腿腫起來，照了X光後發現是腫塊，接著做了切片檢查。針對現在這個癌症的診斷，卡斯莫已經看過其他獸醫專科醫師，但飼主不願意接受殘酷的事實。我認識牠的「媽媽」蘿拉．恩格爾（Laura Engel），她也是一名獸醫，我們就讀不同的獸醫學院，然後在她當實習醫師、我當腫瘤科住院醫師時一起受訓過，那已經是很多年前的事了，在結業後我就再也沒見過她。當她和丈夫艾瑞克（Eric）一起進來時，我給了他倆一個大大的擁抱，接著我伸手撫摸卡斯莫，牠躺在地板上，搖搖毛茸茸的黃金獵犬尾巴跟我打招呼。

這對夫婦為我詳細說明了愛犬的狀況，他們做過了全面的身體檢查，卡斯莫已經無法行走，因為牠得了組織細胞肉瘤（Histiosarcoma），是一種非常具侵略性的癌症，正在侵蝕狗兒膝關節的骨頭。考量牠的體型和重量，他們用一部紅色的兒童拖車拉著牠到處跑，不知道背後原因的人，看到會覺得很可愛。卡斯莫活不久了，飼主很清楚這一點。此外，狗兒的腹部有個淋巴結大得不正常，很有可能癌症已經擴散到那裡去了。然而，這個淋巴結裡面也可能沒有癌症，只不過是出現反應，試圖阻擋癌症，儘管毫無效果。恩格爾夫婦已經聽過了壞消息，但他們期盼我能帶來希望。

希望很渺茫。我總是想要讓飼主相信日子會越來越好，寵物會活得更久、更健康，但我還是得讓他們面對現實，不為未來可能發生的事做準備，對任何人都沒有好處。誠實再加上同情，是我的最佳選擇。

我們充分討論了卡斯莫的病情。這對夫婦沒有兩條腿的孩子，卡斯莫填補了這個珍貴的角色，牠是他們一生的摯愛，帶來了十四年的美好回憶。這麼多年來，他們一家三口都會在九月去緬因州（Maine）健行和游泳，至少卡斯莫會游泳。

對外州的人來說，緬因州的水太冷了，但黃金獵犬似乎毫不在意，而且卡斯莫絕對不會錯過任何一次在海中戲水的機會。恩格爾夫婦沒有因為卡斯莫一身病痛而對牠不同，他們不在乎牠過去或現在有多少疾病，在得到組織細胞肉瘤之前，牠的生活品質一直都很好。卡斯莫相當高齡，在獸醫界算是老年病患，尤其牠又是大型犬。但年紀不是疾病，所以我們會考慮牠的選項。

恩格爾夫婦了解，這種癌症的進程非常快速，我們商量了幾種可能的治療方法。其中一個是將患部截肢，飼主絕對不樂見，這在我們人類聽來很可怕，但許多三條腿的狗兒還是適應得非常好，「狗生」一如既往地奔跑、玩飛盤、跳到沙發上，跟四條腿時沒兩樣。但卡斯莫另一條腿動過膝蓋手術，這表示牠的「好」腿沒有那麼強壯。讓問題更加麻煩的是，卡斯莫還有關節炎，牠持續服用一大堆藥物，到目前為止都有把病情控制住，但截去一條腿會讓其他三條腿的負擔加重，導致關節炎的症狀惡化，嚴重影響牠的生活品質。有些患有關節炎的狗兒，即使服用藥物、甚至針灸都無法減輕劇烈疼痛，只好安樂死。醫師誓言（Hippocratic Oath）教我們，首要的是，不造成傷害。我們的目標是提升卡斯莫的生活品質，而不是把一個問題換成另一個問題。再說，即使截肢了，這隻黃金獵犬的癌症還是很容易在幾個月之內復發。可想而知，恩格爾夫婦否定了這個選項。

第二個可能性是放射治療，我評估了風險，值得慶幸的是，毛孩不會有所謂的「放射病」，也就是不會噁心、嘔吐或腹瀉，即使副作用發生了，往往也僅限於治療部位。對卡斯莫而言，這代表牠的左腿可能出現像曬傷一樣的痕跡，外用藥物能幫助復原，但可能需要幾個星期的時間，還有毛髮可能會長不出來，就算長出來也會是白色的，但卡斯莫不會在意這種事。

身為需要做放射治療的人類，我被灼傷的機會大多了。我在更衣室見過有些女人的皮膚整片紅通通，看起來痛得要命，她們都會小心翼翼地褪去衣裳，試著不要去碰到會痛的地方，我對此報以無限的同情。我的醫師強烈推薦在做完放射治療的部位擦上優色林（Eucerin）乳液，症狀才不會越來越嚴重。去藥妝店研究大約十五款護膚霜（誰知道優色林有這麼多款？）之後，我買了基本款，質地和白膠一樣黏稠，我都說它是我的「戰鬥彩繪」，如果我是個即將上戰場的士兵，會需要保護裝備。我一天在腹部上塗兩次，在接受放射治療的五個星期中每天都塗，很幸運，皮膚沒有出現副作用。算是躲過了一顆子彈。

對卡斯莫來說，接受放射治療代表牠不必再進行任何手術，四條腿都可以保住，但還是有嚴重的問題存在，即使這麼做成功地減輕了癌症負擔，行走能力也不一定能恢復。決定要不要砸錢讓寵物接受效果未知的治療是一大難題。以卡斯莫的情況來看，受到影響的骨頭已經極度脆弱，牠的腿隨時都會斷成兩半，這種骨折可能單純是因為癌症侵蝕骨頭而發生。此外，能夠在短時間殺死癌細胞的治療，也可能導致健康的新骨頭沒有足夠時間再生或生長，因此放射治療會讓牠的腿比現在更不堪一擊。

在探究卡斯莫的預後時，我和恩格爾夫婦都知道不做任何治療的結果，也很清楚治療帶來的風險。放射治療有可能達不到什麼效果，但也有可能提供好幾個月的幫助。我有些罹患同樣病症的患者因此好轉了一年，另一些則是急速惡化。

當我向自己的醫師們詢問可能的預後時，沒有人能給我一個數字，沒有百分比，也沒有統計量，三位醫師的說法如出一轍，簡直像是事先講好的，儘管他們分散在癌症中心的不同區域。他們告訴我，數字不代表什麼，我要怎麼做才是最重要的。我每天都會給別人數字，有百分之幾的機會緩解，以及可以持續多久，幾星期、幾天或幾個月，有時甚至是幾年，不管是什麼數字，我都會告訴飼主，讓他們了解我們正在面對的狀況，給予不切實際的希望沒有任何好處。毛孩的家人必須知道未來的發展，以及他們還有多少時間可以和寵物相處，我可以不假思索地丟出一堆數字。身為獸醫，要是不告知飼主所有機率、成本和風險，怎麼能期望他們做出明智的決定呢？但身為人類病患，我沒有這些資訊，只得到零鴨蛋，醫師說數字不代表什麼，你有可能屬於治癒的那一群人，或是沒有起色的那一小群人。也許他們是對的，最好抱持著樂觀的態度。寵物總是抱持著樂觀的態度。

恩格爾夫婦決定採用放射治療。

到了下個星期一，卡斯莫坐著牠的紅色拖車來到醫院，開始進行療程，總共要看四次診，第一次先做電腦斷層掃描，了解這個癌症的全貌，決定放射線要攻擊的部位，漏掉任何一個有癌細胞的地方都會很不妙，因此為了保險起見，腫大的淋巴結也會包含在內。一名獸醫技師為卡斯莫打麻醉針，然後將牠放入電腦斷層掃描儀中，不到一小時就能得到必要的影像。為了確保設定的準確度與一致性，我們為牠的後軀製作了一個模型，每次來就可以躺在裡面。到了星期三，卡斯莫將回來接受三劑放射治療中的第一劑，連做三天。

當我去做自己的放射治療時，總是盡量穿得好看一點，我想應該要這麼做，即使心情糟糕透頂，也不會被「那個病」擊垮，這是作戰計畫的一部分。反觀我丈夫、我心愛的男人，陪我看病時只講求舒適，他會穿一件深藍色運動褲，當初他在為我們的第一個家刷油漆時，也是穿同一件褲子。說實話，也說來丟臉，那件褲子是我十六年前懷孕時買來穿的，而現在我親愛的另一半穿著這件斑斑點點的褲子和外界互動。

我們每次都會坐在候診室，直到放射治療的櫃檯人員叫我的名字，然後走向第四三三號機器。療程剛開始的某一天，我穿著一件漂亮的紅色洋裝，而麥克穿著那件出名的運動褲，還有領口鬆掉的長袖T恤。放射治療技師來候診室找我們，就朝著麥克靠過去。

「先生，不好意思。」對方低聲說。「我可以帶你過去接受治療了。」她輕輕地伸出手，以為我丈夫才是癌症病患，而且需要幫助！我忍不住給他一個「我就說吧」的大大笑容。我以為那次經驗會讓他放棄穿那件褲子，但很遺憾的，我大錯特錯。

卡斯莫還是無法自己走路，所以第一次治療是躺在輪床上被推進來的。恩格爾夫婦看起來有點緊張，特別是在做出了這麼艱難的決定之後，這一切必須要等到他們的愛犬得到更好的生活品質才會有意義，但沒人說得準。技師們將狗兒移到放射「沙發」上，病患躺的放射檯很諷刺地被稱為「沙發」，不過這張沙發躺起來一點也不舒服。

那個星期三，卡斯莫在我們這裡待了大約四十五分鐘，接著星期四和星期五也是，短短一個星期就完成了放射療程。牠是一名好病患，不需要太多麻醉就能乖乖配合。為了照射到所有正確的部位，當機器開啟時，寵物不可以亂動，人類可以做到這個簡單的指示，但再聽話的寵物都很難完全靜止不動。

當我在接受放射治療時，我會在腦袋裡數數字，來熬過這段時間。我原本以為我可以冥想，但根本做不到，當我全身光溜溜地躺在那裡，只蓋著一條被單時，機器巨大的嗡嗡聲時實在是太難忽略，讓我焦慮不已，機器在我的周圍來回移動，我則在心裡數著：「一千零一、一千零二、一千零三……」我知道當數到一千零六十五時就可以走了。砰，機器停止運轉，我又可以繼續生活。

療程沒有讓卡斯莫出現立即的副作用，做完星期五最後一次的放射治療後，恩格爾夫婦用紅色拖車拉著牠回到車上，放射團隊揮揮手，目送他們駛離。噢，拜託讓牠的病情好轉，我為卡斯莫和恩格爾夫婦祈禱，但我知道，治療會不會見效，只能留給時間來解答了。

到了九月中，我為期兩週的放射治療結束了。每天通車到紐約（New York）市真令人吃不消，就算是為了一份薪水也一樣，還好總有姊妹淘開車載我過去，陪伴在我身邊，她們真是我的救星。不幸的是，我出現了一些下消化道副作用，在這之前，我從來沒有吃過止瀉寧（Lomotil），但這種藥馬上成為我最好的朋友。我開玩笑說，我一直都想穿六號的衣服，但不是用這種方法，醫師們也要我留意別讓體重變輕。我大部分的毛孩病患到後來體重都增加，因為動物不會經歷這些副作用，而且飼主絕對會給生病的寵物更多點心吃。但我的情況是，每一位醫師、護理師、放射治療師、醫師助理、衛教文宣等等都告訴我，在治療的過程中一定要維持體重，而作為一個守規矩魔人……我多了八磅（約三點六公斤），對！你沒看錯！我都說這些重量是我的「備用養分」。

卡斯莫做完最後一次放射治療的十天後，我接到了恩格爾夫婦打來的電話——卡斯莫能走路了！一開始，牠試著自己站起來，現在已經進步到可以緩慢步行，牠還是需要家人的幫忙，因此恩格爾夫婦在牠的腹部綁上吊帶支撐。療程結束後沒多久就能聽到好消息，令人相當振奮。

又過了兩個星期，卡斯莫過來回診，牠沒有感到疼痛，雖然治療部位沒有毛髮，但皮膚是完好的淺粉白色；膝蓋可以大幅度地活動，在治療前久未使用而有點肌肉萎縮的腿也強壯多了。不過，最棒的消息是，現在卡斯莫不僅可以自行起身，還能夠在沒有任何協助的情況下，在屋子和院子裡走來走去！恩格爾夫婦本來打算取消一年一度的緬因州秋季旅行，既然卡斯莫的病情大有起色，他們決定成行，並帶上卡斯莫。

恩格爾夫婦傳了卡斯莫在緬因州的照片給我，牠興奮地在阿卡迪亞國家公園（Acadia National Park）美麗的林蔭道路健行，處處都染上了繽紛的秋天色彩。牠就像一隻幼犬，走在全家人的最前面，四處嗅聞探勘，金色的毛髮和後面景色的紅橘黃綠相互輝映。我看著照片，不禁露出微笑。讓恩格爾夫婦更加驚喜的是，當卡斯莫走到湖邊時，牠一躍而下游起泳來。他們從來沒有放棄希望，也得到了回報，能在他們最愛的度假地點、與最愛的寵物又再添加一筆美好的回憶。

每隔幾個月，恩格爾夫婦就會帶卡斯莫過來回診，讓我追蹤牠的狀況。不管是人、貓還是狗，早期發現、早期治療都至關重要。每次我都會為卡斯莫安排身體檢查，進行血液篩檢和腹部超音波，偶爾也會做胸部X光，完成所有檢查項目大約需要四十五分鐘。而等待的時間是很漫長的，蘿拉．恩格爾雖熟悉這些程序，但當我回到檢查室時，可以感受到她的擔憂。我給她一個微笑，卡斯莫一切都好，她這才鬆了一口氣。

我能感同身受。下個星期一，我將完成自己的放射治療。癌症中心有一個很大的銅鈴，連接著一條又粗又長的編織繩到牆壁，病患在完成放射療程後可以去搖響它。我見過（也聽過）其他人這麼做，搖響銅鈴後，在場的每個人都會鼓掌，衷心祝福這個人。我說我不想搖，因為還沒做更多化療，不算真的「結束」，但麥克不斷鼓勵我，他希望能夠親眼見證我搖那該死的鈴，代表一個階段的尾聲。好吧，搖就搖，我會搖得響亮又驕傲！

恩格爾夫婦帶著心愛的卡斯莫去了兩次緬因州，中間隔了一年。她們不時傳給我歡樂時刻的照片：卡斯莫和牠的生日蛋糕；卡斯莫過萬聖節；卡斯莫嘴裡咬著聖誕玩具。卡斯莫奇蹟似地活了下來，將病情控制住整整兩年。像牠這樣的案例，帶給我最大的動力。

「三線電話，卡斯莫．恩格爾。」櫃檯人員的聲音從擴音器中傳了過來。我接起電話，期待聽到卡斯莫最近又做了什麼好事，但一和恩格爾醫師打完招呼，我就覺得事情不妙。她說愛犬從一、兩個星期前開始跛腳，起初她們以為牠只是在附近健行時走了太多路，但休息和服用關節炎藥都於事無補，她帶卡斯莫到自己的診所照了腿部X光。

「牠骨折了。」她衝口說出。這句話給了我重重的一擊，我的思緒飛馳，但無法形成連貫的想法。我們在冰冷塑膠話筒的兩端各自持沉默。

「妳確定？」我不敢置信地問道。

「確定，我找外科醫師和放射科醫師看過報告了，我不知道該怎麼辦。」但其實我們倆都知道她必須怎麼辦。

令人難過的是，這隻十六歲的黃金獵犬正在承受擺脫不了的病痛。卡斯莫的骨折發生在癌症最初形成的位置，原因可能是組織細胞肉瘤復發，弱化和侵蝕骨頭，也可能是放射治療產生了極為罕見的可怕副作用。想找出解答的唯一方法是將牠麻醉，並進行骨頭切片檢查。然而，這次真正唯一有用的治療是將患部截肢，不管原因是什麼。讓牠做切片檢查的意義不大，沒有長期的好處，甚至連短期也沒有。

恩格爾醫師的聲音藏不住悲傷。

「我們總是說，最大的目標是讓卡斯莫擁有高品質的生活。」她開口道。「真的很感激妳讓我們多了兩年多的時間和牠相處，牠這一生過得很好。我不知道該怎麼報答妳。」

「能夠幫得上忙是我的榮幸。我很開心收到妳傳來的照片，看到卡斯莫最新的冒險旅程。真希望這樣的日子可以維持得久一點，但這兩年來，牠表現得非常好了。」

考量到卡斯莫過去所有的病症，還有牠的關節炎和年紀，恩格爾醫師告訴我，她們決定讓愛犬安樂死。我們說好要保持聯絡，然後結束通話。要放手說再見對恩格爾夫婦而言是很困難的，但也不願意讓卡斯莫受盡折磨。她們會在家裡，也就是卡斯莫最能感到舒服放鬆的地方，進行最後的程序。聽到這個消息時，卡西迪的雙眼盈滿了淚水，我提醒她，卡斯莫過了很精彩的一生，還多了兩年高品質的生活。我問她要不要抱一個，她馬上展開雙臂。這一天對狗兒的家人和我們來說，都很難熬，大家好愛這隻乖狗狗，也會非常想念牠。

狄更斯、鼓手，以及紐頓首部曲

Dickens, Drummer, and Newton

我的夥伴們，從蘇格蘭㹴犬到摯愛拳師犬

牠們是我的開心果和救生索，在我缺乏信心時，給我安全感。牠們更是我最堅定的朋友，帶來陪伴、歡樂以及逃避現實的管道。最重要的是，牠們讓我愛牠們，也全心全意地回報這份愛。

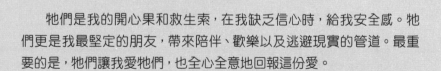

我在小學三年級時立志要當一名獸醫，從未動搖過，一次也沒有。對我來說，獸醫學一直都是一種生活之道，不只是份工作，比較像是天職，或是義務。但我不是那種會去幫知更鳥把斷掉的翅膀用夾板固定的孩子，這是有原因的。我媽不准我碰野生的鳥，說牠們會有傳染病，因此當我的小學好朋友試著拯救一隻從巢裡掉下來的幼鳥時，我只是認真地站在旁邊看，也提供了意見和建議，但作為一個守規矩魔人，我完全沒碰那隻鳥寶寶。

我父母在我小學二年級時離婚，我們一家四口的核心家庭，變成了一名母親隻身帶著兩個幼子的單親家庭，那段日子對她或我們來說都不好過。愛狗的媽媽決心養一隻狗，為我們的新家帶來歡樂。

媽媽瀏覽了美國養犬俱樂部（American Kennel Club）的品種手冊，還打電話給朋友，請教了飼養員（breeder），想找到一隻最適合的。就這樣過了好幾個月。

那個冬天很漫長，我因為想要一隻狗而不斷苦苦哀求，更加度日如年。我媽答應過我的，最後卻什麼也沒有。接著，到了春天的某一天，我放學走路回家時，看到在院子裡幹活的鄰居，跟她揮了揮手。

「嗨，格林（Green）太太。」我說。

「噢，親愛的。」她說。「趕快回家！妳媽媽為妳準備了驚喜！」

一隻狗！一定是一隻狗！我飛也似地一路奔回家，蹦蹦跳跳地進門，把書包丟下，急著喊媽媽。

「我在這裡！」我聽見她的聲音從屋子另一端傳來。我跑過去，發現媽媽在我的房間。

「妳在粉刷我的房間？」我不敢置信地大叫。「這就是驚喜？！」

「對呀，我知道妳一直都想要一個粉紅色的房間，所以從今天開始刷。」

「這根本不是驚喜。」我氣急敗壞地回答。「格林太太明明說是驚喜的。」

「噢，妳以為是另一個驚喜？妳指的是一隻小狗？」

「對！」

「妳應該先去起居室看看的……」

「什麼？」我的耳朵豎了起來，然後跑到起居室，看見一隻黑溜溜的蘇格蘭㹴犬（Scottie）寶寶，安穩地窩在狗籠裡。我打開籠子的門，牠搖搖擺擺地朝我走過來。牠的鬍鬚亂糟糟地，就像蓬頭垢面的老人。我把牠抱起來，立刻聞到小狗的氣息，我將牠緊緊地抱在懷裡，開心得不得了。我們將牠命名為「狄更斯（Dickens）」，牠很適合我們家。狄更斯是一隻好動的狗，會跟一群孩子在後院追著足球跑。在寒冷的密西根（Michigan）冬日，我們會帶牠去附近的高爾夫球場滑雪橇，牠腿上的毛總是垂掛著小小的冰球。不過，這隻蘇格蘭梗犬最喜歡的消遣是在院子裡挖洞，這讓媽媽十分生氣。我自豪地吹噓說，我教會牠一個技能——坐起來索要食物。雖然牠只會一招，但牠知道如何逼迫我們給牠點心或一塊剩下的三明治吐司邊。

在狄更斯五歲時，牠變得沒活力，也無精打采的，還不愛吃東西了。媽媽帶牠去看獸醫，醫師說我們的狗有很大的淋巴結，他稱之為淋巴瘤。當時是一九七〇年代，這個病只能用強體松治療。狄更斯回到家後，牠一樣躺著不動，只有我跟牠一起躺在餐廳的地毯上，遠離家裡的紛擾，我連續幾天都這樣陪著牠。過沒幾個星期，媽媽再度帶牠去看獸醫，但這一次牠沒有回來。我想，那是我第一次體驗到「那個病」的可怕。

我哀悼狄更斯好幾個星期。但悲傷的情緒消退後，我非常想要再養一隻狗，而且決定這次要自己來挑選。我從書架上拉出媽媽的《犬種大全》（*The Complete Dog Book*），仔細研究各式各樣的狗兒。我把喜歡的圈起來，不喜歡的劃掉。最後，我找到了心目中的完美品種：拳師犬（Boxer）。

拳師犬：機警、尊貴、自信十足、活潑但不過動、個性愛玩但堅忍又有耐心、無所畏懼、聰明伶俐、忠心耿耿，是非常理想的伴侶。

——美國養犬俱樂部《犬種大全》

牠是精力充沛的運動員、機警的家庭守護者，有著令人移不開目光的美麗體態，當牠在你身旁雀躍地小跑步時，總是引來讚嘆。牠最大的願望就是和孩子們在一起，守望著他們，做一隻「全方位的狗」。牠最強的特點是渴望被人類寵愛。

——美國拳師犬俱樂部（American Boxer Club）

我不太確定「雀躍」是什麼意思，但我知道這會是我想要的，我哀求媽媽讓我養一隻拳師犬，但她並不同意。連續幾個星期，我不斷試著說服她，最後我們終於達成協議，我可以養一隻拳師犬寶寶，但要自己存錢買，這就是我想聽到的。我花了好幾個月，不知做了多少打雜和保姆的零工，才存夠錢買一隻拳師犬寶寶以及一年份的狗食。當我告訴媽媽這個「好」消息時，她驚訝得下巴都快掉下來，而她也信守承諾，在報紙上找到一窩拳師犬寶寶，並開車載我去挑。我們帶了一隻八週大的淺黃褐色公犬回家，我的世界又亮了起來，將牠取名為「鼓手（Drummer）」，我們一拍即合。

鼓手是我的開心果和救生索，在我缺乏信心時，牠給我安全感。由於媽媽的工時很長，牠便成為了我最堅定的朋友，帶來陪伴、歡樂以及逃避現實的管道。最重要的是，鼓手讓我愛牠，也全心全意回報這份愛。我從此對拳師犬情有獨鍾，我和牠之間的感情強化了我想要當獸醫的志願。

拳師犬在我人生的許多片刻都佔有一席之地，牠們甚至幫我帶來了愛！我的丈夫麥克也是一名獸醫，他的專長是眼科，我們二十五年前在紐約市相遇，當時我是住院醫師，他是實習醫師。我還記得第一眼看到他的情景，那是一個溫暖的夏日傍晚，我從醫院走出來遛狗，那時的拳師犬名叫布里森（Blitzen），突然一名男子引起了我的注意。他的身高中等，一頭棕髮，身材修長，穿著卡其褲——正是我喜歡的類型。看著他，我的心跳莫名地加快了一點，心想這是個大好機會，我要假借遛狗接近他。就在我的狗停下來聞一小塊綠草時，我發現自己緊盯著這個新的暗戀對象。這位帥哥正在努力地嘗試過馬路，但他顯然不知道該如何做！迎面的紅綠燈要轉紅燈了，亮著的綠燈閃爍著「快走！快走！」街上滿滿都是黃色的計程車和來來往往的車輛，不停按著喇叭。這名二十幾歲的年輕人背著大背包，試著走下人行道，身後還拖著兩個行李箱，然後「砰」的一聲，總是會有車在這時左轉切入，逼得我的暗戀對象不得不迅速退回原地。幾輪紅綠燈過去，他還是走不到對面，正當我準備走過去幫忙（或給他一點生活在紐約的勇氣）時，我看見他重新調整背包，然後在綠燈亮起時深吸一大口氣！這次他鐵了心，直直往前走，終於到了對面。我搖搖頭笑了，知道錯過認識他的機會了。算了，布里森是前男友送我的禮物，我怎麼能期待這隻狗幫我找到新男友？再說，我需要布里森讓我這個來自中西部（Midwest）的女孩好好完成紐約嚴苛的住院醫師訓練。

隔天，我看完早上的病患後，去了一趟醫院的藥局，結果你猜怎麼著？那個過不了馬路的男生竟然出現在我面前！他一樣穿著卡其褲，這次加上了乾淨筆挺的白袍，他是新一批來醫院實習的醫師之一。儘管前一天目睹了他在街上的慘況，但我和他說話時，還是很緊張。不過，這位實習醫師笑容可掬，看起來很和善。我歡迎他加入我們的行列，告訴他有需要都可以找我幫忙，我沒說出有看見他在紐約市過馬路需要幫忙的事！他給我一種說不上來的熟悉感，原來麥克來自堪薩斯州（Kansas）——我在曼哈頓（Manhattan）找到了另一個中西部人。

我們六歲大的虎斑（brindle）拳師犬紐頓（Newton）經常陪伴在我左右。我大部分的時間都待在起居室，在影集《辯護律師》（*Matlock*）和《神探可倫坡》（*Columbo*）主角的指導下，成為了離奇謀殺案的行家。紐頓是很棒的同伴，牠溫暖的棕眼每天都深情地看著我。我們在紐頓還是幼犬時養了牠，飼養員說牠很「特別」，這讓我不解，哪隻小狗小貓不特別？當牠從十一磅（約五公斤）長到成犬時，我們逐漸了解飼養員的意思。紐頓從不吠叫，按門鈴、裝作有人入侵，都還是不叫。拳師犬天生就是適合工作的品種，在一次世界大戰，牠們被當成護衛犬，應該是會吠叫的，但紐頓就是不叫。牠喝水時也常常喝到不知道要停下來，可以持續好幾分鐘不斷舔著碗裡的液體，直到我們說：「嘿，紐頓，夠了。」後來我們發現，牠有智能障礙。是真的！我讓牠接受磁振造影（ＭＲＩ）檢查，顯示出牠的大腦跟別的狗長得不一樣，而且在頭顱裡的位置也不對。更慘的是，中央還有一塊三公分的區域不見了，沒有組織，是空的，想像一顆甜甜圈的樣子。但我意識到，紐頓的「特別」讓我們更加愛牠，牠很討人喜歡，會不時犯蠢。我們深愛紐頓，牠也深愛我們。牠不在乎我早上有沒有穿衣服，不會注意到我因為化療而變得稀疏凌亂的頭髮緊貼著頭皮，更不會怪我連續好幾天躺在沙發上；我們也不會因為門外有動靜、牠卻不知道要吠叫而怪牠。紐頓給了我和我的家人無條件的愛，而我們也如此回報牠。

某天，紐頓再度扮演堅定的護理師角色，躺在我們深藍色沙發的一側。我伸手摸牠，然後摒住呼吸。噢，千萬不要！我跳起來坐著，又摸了一遍，紐頓脖子下的淋巴結變大了，不是很大，但絕對大得不正常。不不不，我們的狗不會在我對抗病魔時得癌症的。我怕我們一家人難以承受，尤其是兒子，彼得是獨生子，所以紐頓就像他的弟弟，儘管紐頓很愛我，但牠完全是我兒子的狗。

我在想，是不是該把這件事藏在心裡，搞不好我弄錯了；搞不好我過度反應；搞不好我受限於腫瘤專科的盲點，才會認為只有癌症能解釋這個狀況。紐頓需要接受檢查，確認到底是怎麼一回事。這會不會讓我們一家人瀕臨崩潰邊緣？

我決定還是和緩地如實告訴丈夫和兒子。我深刻體會到，讓人對即將發生的事做好準備，總比一下子遭受晴天霹靂來得好。我們是一家人，應該一起做決定。

我離開沙發，紐頓也起身到樓下。我已經連續好幾天都穿著睡衣，但現在套上一件寬鬆的連身裙，也穿上我的勃肯（Birken）鞋。我看著反映在鏡中的頭髮，的確是稀疏了，但還能蓋住頭皮，別人都說只有我自己會注意到這件事，但我想他們只是客氣，算了！活著總比只有一頭秀髮好。我下樓發現彼得和麥克在廚房，正值青春期的兒子坐在早餐桌前用筆電，紐頓則窩在他的椅子下。

「嘿，我有話要跟你們說。」我開口道。在喝咖啡的麥克抬起頭來，他可以從我的語氣聽出不對勁；兒子停下敲鍵盤的動作。我必須注意我的用詞。

「我在紐頓身上摸到奇怪的東西，可能需要確認。」

麥克大驚失色；彼得從椅子移動到地上，憐愛地摟著狗兒的脖子。

「我摸到幾個腫大的淋巴結。」我繼續說。「可能沒什麼，但我擔心會是更嚴重的問題……比如說癌症。」

丈夫知道這代表什麼意思。我們在一起之後，養過好幾隻拳師犬，我們很愛這個品種，即使「那個病」經常找上牠們。你不會希望愛犬登上「最容易罹癌的狗兒」排行榜前幾名，但我想我是那種一直做同樣的事，卻又期待會有不同結果的人。悲哀的是，某些癌症存在於這個品種的基因裡，這種異常現象可以追溯到七十年前。如果真是如此，那麼紐頓就會是我們第四隻得「那個病」的拳師犬。

「媽，我們要怎麼確定？」彼得問我。我的乖兒子，我好愛他，要是能把他蒙在鼓裡就好了。每個人在成長過程中，都有不同的議題要面對，但我絕對不希望孩子遇到這種情況。

「我可以幫牠做一些檢查，親愛的。」

「牠接受治療就會好了。」彼得說。他拍拍狗兒的頭，又說：「紐頓，你不會有事的。」

我強忍住淚水，深吸了一口氣。我們三個抱了抱紐頓，然後我和彼得哭了出來，連麥克都眼眶微濕。在做檢查之前，我們似乎都已經心裡有底。

麥克開車載我和紐頓去醫院，但抵達後，他只肯待在車上。我丈夫想要保持距離，讓我去辦正事，他說不知道自己能幫上什麼忙，但我想這一切對他來說——妻子和愛犬同時出狀況——太難接受了。麥克用手機閱讀和回覆大量的電子郵件，藉此沖淡難過的情緒，這是分散注意力的好方法。

我下車，進入醫院，同事們用「妳怎麼會來？」的好奇表情迎接我和我的狗兒。

我在告訴他們情況的同時，紐頓用前所未有的速度搖著尾巴。

悲傷籠罩著整個團隊，但他們以極高的效率採取行動，我在職業生涯的每一天都依賴這樣的方式工作。他們不僅僅是我提供專業服務的支柱，很多時候更是我個人的支持系統，我們共事這麼多年來，遇到傷心的案例時會互相安慰，看見狗兒呆萌的模樣會一起大笑，家裡出現困難也會幫助彼此。我非常在乎他們，無論是快樂或悲傷的案例，他們知道我都會相挺。

我的團隊經驗老到，馬上幫我們安排檢查。雖然檯子目前的高度差不多及腰，但紐頓毫不費力地跳了上去。牠每次跟著我來工作時，都會坐在綠色的墊子上，就像城堡的國王，今天也不例外。牠跳躍的高度讓我們忘卻憂鬱，驚訝於牠的敏捷和配合。至少在這一瞬間抹去了哀傷。

技師們抽了兩管血，檢查紐頓的白血球數、紅血球、血小板和器官功能，內部實驗室的機器十五分鐘就能跑出結果。檢查結果很好，牠的血液沒有任何問題。

接著，我信任的同事們帶紐頓去照肺部X光，我看著心愛的毛孩走遠。再過十五分鐘就會有結果。

慶幸的是，當我判讀影像時，沒有發現任何轉移到肺部的跡象，鬆了一大口氣。過了兩關，還剩下最後一關。

潔姬和卡西迪一起輕輕按住紐頓，讓牠保持坐姿，我則採集腫大淋巴結的樣本。這種穿刺細胞檢查很簡單，就像反向注射，我把針頭插入病變處，然後將針筒的推桿往後拉，吸出細胞，採集後不需要縫合或包紮。細胞被放在載玻片上，然後包裝好，送到外部實驗室，由病理學家染色並以顯微鏡觀察。要兩天的時間，結果才會出爐，我們會耐心等候，盡量別想太多。

兩天很快地過去了。我再次窩在起居室——化療的自我軟禁——看著電視播的《辯護律師》。此時手機響起簡訊提示音「叮」一聲，我拿起來看，是技師傳來了檢查結果，我的狗得了癌症——淋巴瘤，我直愣愣地盯著這則簡訊好幾分鐘。

紐頓罹癌給了我沉重的打擊。最近，我要熬過新一輪的治療，已經難以兼顧工作，有時副作用嚴重到讓我連續幾天都只能躺在沙發上，這樣要怎麼治療我的狗兒？

我試著說服自己，應該可以打起精神開車載紐頓去看病，一星期一次。問題是，因為副作用的關係，我好幾個星期沒開車了。

我的手機又「叮」了一聲，彷彿心有靈犀，我的朋友們（也是同事們）主動提議幫我接送紐頓去醫院。我紅了眼眶，我怎麼能接受這樣的好意？又怎麼能不接受？我很感激能和這一群貼心的人共事。我跟丈夫說了報告的結果，以及同事願意當司機的事，然後回簡訊給群組。我們討論出一個時間表，麥克載一趟、同事載另外一趟，每次都這樣進行。我不知道該怎麼回報我的團隊，但有機會我一定盡力去做。

隔天早上六點整，一部銀色的本田車（Honda）開進我們的車道。紐頓認得這位獸醫技師，牠興奮不已地搖著尾巴，穿過草坪，跳上她的車。這隻拳師犬很喜歡出門兜風，完全沒有起疑心。技師轉頭看我，用溫暖的笑容掩飾眼底的哀傷，但我還是可以感受到她的心疼。

到診間後，紐頓站上磅秤量體重，團隊傳了一則簡訊給我，告知牠的重量，讓我能計算正確的藥物劑量，然後再用簡訊回覆第一次治療的指示。我無法在現場陪伴或幫助愛犬，但我的團隊會盡力而為。我對他們抱有全然的信任。

麥克下班後，去接了紐頓回家。你不會注意到牠有任何異狀。這隻拳師犬急急忙忙地跑到飯碗前，看看晚餐有沒有奇蹟似地出現，然後嗅了嗅空蕩蕩的容器。我拿起那個白色的瓷碗，把紐頓最愛的狗糧倒進去，牠狼吞虎嚥地吃了起來，直到我們叫牠去外面。

第一天的化療似乎對紐頓毫無影響，反觀我最近接受治療感覺越來越吃力。我在癌症中心的病床上坐了八個半小時，全程手背上都插著靜脈注射的針管，回到家後，通常會約有四天半的時間萎靡不振，期間幾乎都是自己一個人，因為麥克去上班，彼得去上學，除了紐頓，牠一直陪著我。

我不想要有承受不了的副作用，但當時骨頭和關節都痛得要命。疼痛讓我難耐，我也顧不得面子，就拜託一位女性好友來幫我揉揉腿。我萬萬想不到，自己會需要拜託朋友幫我做這種看護要做的事，但實在是太痛了。當你真的需要幫助時，尊嚴什麼的都可以拋諸腦後。

癌症中心的護理師告訴我，這個副作用會消退，但可能要等很長一段時間，大概是一年左右。一年！如果真的要等那麼久，我會盡量不抱怨，但那股疼痛難以忍受，我擔心撐不過接下來的三次治療，可以理解為什麼有些人會放棄。不過往好處想，每做完一次治療，就離終點更近了。這個星期我需要用意志力增加我的白血球、血小板和紅血球，我把「精神勝於物質」當作是一種治療介入。這是一份全職工作，而且相當耗能。

紐頓做完第一次治療的六天後，我走到樓下的廚房，身上還穿著家居服。麥克和彼得正匆匆吃著早餐要趕著出門，他們放下叉子，看著我檢查紐頓。我觸摸牠所有的淋巴結，按壓牠的腹部，聽聽牠的心臟和肺部。此時鴉雀無聲，連一根針掉在地上都能聽見，只有電視晨間新聞模糊的嗡嗡聲響。我起身，笑逐顏開，紐頓把我們這些得了「那個病」的患者全都拋在後頭！牠只做了第一次化療，症狀就完全緩解，而且目前沒有出現任何副作用，這是非常正面的進展。紐頓的座右銘大概是：「癌症算什麼？化療算什麼？」我很欣賞牠的態度。我們一家人很需要好消息，全都大聲歡呼。紐頓興奮地跳來跳去，即使牠不知道發生了什麼值得慶祝的事。

「來，乖孩子，我們去散步。」麥克邊說邊去拿紐頓的牽繩，狗兒如往常般迫不及待地轉著小圈子。

「你不是要去上班嗎？」我瞄了一眼烤箱上的時鐘問道。

「沒關係，還有幾分鐘的空檔。」麥克回答，露齒而笑。帶紐頓在社區散步是我丈夫最喜歡做的事情之一。我微笑看著他倆開心的樣子，準備出門共度美好時光。

我的狗兒開始會在門口等著人家來載牠，好像牠的行事曆裡有「共乘」這個項目一樣。我的腫瘤科團隊每個星期都會把紐頓的抽血報告和當天體重的照片傳給我，我再回傳適合的劑量。不知為何，我很努力地在保存食物，但毛孩的體重卻增加了。

每次在紐頓預定接受治療的前一晚，我都會幫牠做相同的身體檢查。一開始，我會摒住呼吸，直到摸完所有淋巴結，確認病情沒有惡化。經過了幾個星期，牠的狀況依然良好。兩個月後，紐頓繼續泰然自若地去醫院報到，而我每次進行檢查時，都會預期那些淋巴結是正常的，不用再屏息以待。而後，在牠確診的三個月時，我彎下腰為牠做例行的評估，我摸到了，有個稍微腫大的淋巴結。紐頓的癌症復發了！這麼快就復發不是一個好現象，一般來說，牠正在接受的療程應該要能把病情控制住一整年才對，我猜牠的癌症另有所圖。

我告知家人這件事時，試著用稀鬆平常的語氣去描述。幸好，我還有幾招可以拿出來用。彼得用斜眼看我，一副不怎麼相信我的樣子，我當作是青少年會有的反應；至於麥克，他很清楚這是什麼意思。我擠出一抹微笑，試圖掩飾擔憂，我知道癌症快速復發代表它具有侵略性，而且相當難纏。我塞了幾塊女童軍餅乾（Girl Scout Cookie）壓壓驚，是薄荷巧克力口味，冰冰涼涼的，最能撫慰人心。

隔天早上，我打電話給腫瘤科技師們說明狀況。我選了一個不同的療程，紐頓必須接受五小時的靜脈注射，還好牠很習慣在醫院待一整天，等麥克來接牠。紐頓的戰車在七點抵達，牠和平常一樣開開心心地上車。

到了診間後，技師將靜脈導管插入血管，掛上化療袋，開始倒數五小時。此刻，我在家蓋著毯子自我軟禁，心中一直想著紐頓。

當晚，紐頓回來後，看起來有些疲憊，牠吃狗糧時，沒有像平常那樣狼吞虎嚥，快速地去了一趟後院解放後，便窩進牠的床。我密切地觀察牠，但不想引起家人的不安。我的化療看起來對我有用，我默默地等待，希望對牠也有用。

一個星期過去，紐頓比以前睡得多，但精神還不錯。我不確定其他家人有沒有注意到牠明顯的疲態，他們已經很習慣狗兒會在我休養時待在我身邊。我忍住不去摸紐頓的淋巴結，直到第五天再也受不了為止。腫瘤變軟也變小了一點，我們的方向是對的，儘管以龜速在前進。

又過了三個星期，紐頓即將接受第二次治療。有用的話，每三個星期就要做一次五小時的治療，總共五次。牠已經完成一次了。

我們一家人吃完晚餐後，我讓紐頓在廚房站著不動，進行身體檢查。麥克和彼得期盼地看著我，在我的臉上搜尋任何蛛絲馬跡。這項檢查麥克也能做，畢竟他是受過訓練、有執照的獸醫，但他選擇讓我來，寧願不要知道。我不怪他，他把這個家撐起來，已經做得夠好了。有時我也不想知道，但我總是更渴望了解真相。

「摸起來怎麼樣？」彼得問道。「牠還好嗎？」我可以聽見他的聲音在顫抖。

「牠還好。」我說。「淋巴結縮小了大約百分之五十，有比較好，但還不算正常。」我感覺到兩雙眼睛緊盯著我。「明天牠就要接受第二次治療了，淋巴結應該還會再變小。」

「來，紐頓。」我說。「上樓去休息吧，我們兩個明天都需要力氣。」說完後，罹患「那個病」的一人一狗便上床去了。

隔天早上六點，我和紐頓站在前門，等著各自來接我們的車子。人家都說，狗兒是你做任何事情的好夥伴，我只是沒想到，我和牠會一起經歷這段旅程。幸運的是，我還有閨蜜陪伴我。當銀色本田車開進來時，我和狗兒向外走，紐頓滿心歡喜地跳上後座，前往我的診間抽血和做化療，牠的血液一向都沒有問題，今天也應該要如此才是。有問題的話，我很難從遠端更改計畫，因為我自己同一時間也要接受治療。

我回到屋子裡，走進廚房閒晃，等我的朋友凱特（Kate）過來。我漫無目的地把一些盆栽移過來一點，又移過去一點；接著在流理台上噴一些清潔劑，然後隨便擦一擦。我本來病情一度好轉，但現在又重新進入另一個循環，因為治療而變得病懨懨。回想起第一次化療的狀況，我緊張到胃糾結成一團，雖然我為動物治療癌症超過二十五年（也許正是因為這個原因），但那個當下還是有點崩潰，恐懼排山倒海而來。

此外，我覺得癌症中心沒有好好地跟我說明，當天會發生什麼事，也沒有詳細告知可能的副作用。基於我所知道的一切，我會用放大鏡去看所有精美醫療廣告背後的風險，有些甚至比它要治療的病症還要糟。而我想要知道答案。

第一次的化療是麥克陪我去做的，這代表當護理師無辜地走進病房要幫我插靜脈導管時，我丈夫不得不目睹我對她的反應。當時我的心跳加速，開始劈哩啪啦地大聲質問：「你要插哪一條血管？要注射多久？副作用什麼時候會開始產生？覺得噁心是會到什麼程度？我什麼時候應該按呼叫鈴？你會給我化療前藥物嗎？如果藥從血管漏出來怎麼辦？如果我想上廁所怎麼辦？在注射之前，不是應該要有人幫我做完整的身體檢查嗎？很痛的時候……」

護理師一臉困惑地看著我，又瞥了一眼麥克，然後衝出病房。麥克給了我一個「拜託妳閉嘴」的眼神，但我沒打算住口，我不是要拒絕治療，也不是要擺架子（至少不是故意的），我只是需要資訊。但其實我真正需要的，是有人可以消除我的恐懼，幸好癌症中心很擅長應付我這種恐慌的病人。

護理師回來時，身邊跟著一個非常冷靜又令人安心的醫師助理。他耐心地回答我連珠砲的問題，我瞪著麥克，回他一個「看吧，我就說」的表情。我對自己的爆走行為感到理直氣壯，也很確定我絕對不是唯一一個第一天就失控的病人。不過，我還是向護理師和麥克道了歉。

我從廚房聽見閨蜜的車開進我們的環形車道。凱特為了載我去癌症中心，拋下了生活、工作和家人，她將全程陪我做抽血檢查和八個半小時的治療。今天，她是我的「紐頓」。

我走出屋子，來到車邊，凱特給我一個大大的擁抱。她知道我很緊張，但我們絕口不提，而是直接上車，繫好安全帶，開始聊孩子的事，聊他們一起就讀的學校和沒交的作業；也聊丈夫、最近讀的書和正在追的劇。聊什麼都行，因為我們主要是為了聯絡感情、加深關係，並幫助我不去想等一下會發生的事，或是各種假設問題。

凱特竭盡所能地讓氣氛保持輕鬆愉快，但儘管我們談笑風生，我還是能感覺得到她有點緊張。不確定今天會有什麼發展，也不確定我會有什麼狀況，凱特極力隱藏情緒，但我們是很久的老朋友了，不用說一句話，我也能知道她在想什麼。我猜彼此都是如此，她知道我把焦慮都藏在勇敢的面具底下。

開車到癌症中心大約要五十分鐘，在我們快到停車場時，我的手機響了，是有關紐頓抽血結果的簡訊。我看了看，然後閉上雙眼，一切正常，謝天謝地！我很快地回傳感激之情和接下來的指示給我的團隊。

作為一個神經質的人，我很擔心我今天的治療會讓正在經歷的耳部副作用惡化。我最近耳鳴很嚴重，或者說是耳朵裡有種聲響。從一開始，我便發誓要用意志力抵擋任何副作用，彷彿我有超能力。不管是噁心、嘔吐和腹瀉的風險，還是白血球數降低的危機，我都有所準備。不過，我忘了「雞尾酒」的其中一種藥物可能導致耳部問題。

我預約了耳鼻喉科醫師在化療前幫我評估，在等待抽血結果的時候，我將接受雙耳檢查並做聽力測驗。人總是充滿希望，而我希望耳朵只是受到感染。

走進癌症中心後，我看見綽號「Q」的資深護理師出現在候診室。她曾經是我的治療團隊一員，我對她點點頭，露出愉快的笑容。知道她在這裡讓我安心不少。

我和凱特沉默地坐著，雖然我們有一搭沒一搭地閒聊來填補空白，但我一心只想著「希望抽血檢查沒問題」，「希望耳朵沒事」，「希望化療進行順利」。如果有人需要我的建議，我會跟他說，這樣胡思亂想只是在浪費力氣。治療毛孩病患這麼多年，我很清楚拋開煩憂的好處，但再怎麼根深柢固地教訓，都很難套用在自己身上，而現在的狀況超出了我的掌握。

我環顧四周，偌大的候診室擠得滿滿的。每天都有好多患者來到這裡，和我一樣等待把病治好，或至少把癌症控制住。大部分的人和伴侶或朋友坐在一起，有幾個人則是把全家都帶來了，還好只有極少數形單影隻。但我們每一個人都有自己面對的方式，今天，我用焦慮來面對。

當我的名字被叫到時，凱特留在候診室幫我顧外套和包包。我回頭看她，她給了我一個鼓勵的微笑。

第一關是抽血，我祈禱抽血員的手法乾淨俐落。幸好，一次到位。接著，她讓我站上體重計，並把數字記錄下來。我發誓，這是我人生第一次想要穿著所有衣物量體重，包含鞋子，以前我會想盡各種方法讓自己量起來越輕越好，有一次我請護理師少算三磅（約一點三公斤），因為我穿著靴子。但在對抗「那個病」時，多了幾磅都要感謝老天。

我的抽血結果正常，耳朵也沒有受到感染，可以進行下一輪的化療。凱特陪在我身邊，我在病床上安頓好，準備扎針接受治療。

回到家時，全家人都在，包括紐頓。麥克看得出來我有多累，但他表現出樂觀的樣子為我加油，在門口用一個大大的擁抱迎接我。見到他真好，雖然我知道他也心力交瘁。彼得在樓上寫作業（希望如此）；紐頓待在另一頭，顯然牠也是折騰了一整天。麥克已經把我的晚餐準備好，是義大利麵！他很懂我，知道什麼樣的食物最能療癒我的心。麥克把盤子端給我，並在我的額頭上親了一下。我坐在廚房的中島吃飯時，聽見紐頓上樓，腳趾甲發出卡嗒聲；牠在自己的狗窩一覺睡到天亮。

紐頓二部曲

Newton

我家最溫暖的
重要成員拳師犬

我好愛紐頓，好愛牠溫暖的棕眼，好愛牠皺巴巴的臉抬頭望著我。我怎麼想並不是重點，我這麼告訴自己，但我需要牠。

「紐頓！」我往後門喊道。我家的狗兒正在跟鄰居的三花貓對峙，原本我讓牠單獨在我們有圍籬的院子裡待個幾分鐘，曬曬太陽。由於牠是隻深色的虎斑拳師犬，當牠在太陽底下睡覺時，我們都說牠在「打造完美斑紋」。這隻狗是很喜歡做日光浴的，但現在牠把一隻過度自信（或者說是過度好奇）的貓逼到了絕境。「紐頓，過來！」我以最嚴厲的口氣說。狗兒回頭看我，衡量輕重緩急，哪件事比較有好處，把這隻貓趕走？還是聽媽媽的話？「紐頓！」我大吼，鄰居一定都覺得我瘋了。狗兒急忙跑進屋子裡，牠知道媽媽不好惹。

紐頓在幾個星期前接受了第二次的五小時化療，這段期間牠的淋巴結又變得更小了，牠沒有被擊垮。既然牠還有力氣和貓咪較量，那看來狀況還不錯。我還是希望牠的淋巴結都能恢復正常，但至少目前方向對了，我已經很感激。最近的日子比我預期的還要難熬，任何好消息都能帶來安慰。

我走到餐桌旁，在電腦前坐下。我一直都用電子郵件來和親朋好友保持聯絡，因為不喜歡別人談論我的事，所以我會寫信給一個很大的群組，讓他們知道最新的進展，以及內心的感受。我在信末寫下：

我想要再次謝謝大家不斷給我支持，你們滿滿的愛和照顧讓我受寵若驚。你們幫助我撐下去，讓整個過程比想像中要好得多。我很感激你們出現在我的生命裡。有時候我不知道你們怎麼能那麼貼心，但我能說的就是「謝謝你們」。感謝大家一如既往成為我最堅強的後盾。

擁抱與親吻，芮妮

「嗨，媽！」彼得大喊，他放學後帶著一個朋友回來。我闔上電腦。他們把背包和外套堆在前門旁邊的地板上。

「我們要到後院打籃球。」他告訴我。「來吧，紐頓。」話一說完，二人一狗就往後門走去。我很快地確認了一下，貓已經不見蹤影。當比賽在我們的車道上開打時，紐頓跳躍著躲避橘色的大球，兩個男孩在紐頓亂入他們的一對一鬥牛賽時被逗得哈哈大笑，我的心也溫暖了起來。雖然紐頓正在做化療，但在家人需要的時候，牠總是在身邊，我知道這對兒子有幫助。我希望我在對抗病魔的過程中，也有做到這一點，而不只是成為絆腳石，讓他們身心俱疲。大事我都跟他們一起分擔，但小事我就不是那麼確定了。

麥克一肩挑起所有的家事，同時又要賺錢養家。以前，在大家都很「健康」時，我跟他沒有什麼兩人時間，各自努力在工作職涯和家庭生活之間找到平衡。同樣是獸醫，我們了解這個我們都喜愛的行業會耗盡心力，真希望當初能停下腳步，為了自己，也讓彼此有時間喘息和相處，再來面對此刻的人生課題。而現在，為了讓這個家維持運作，大部分的責任都落在麥克身上，他應付得非常好，但有時我會看見他眼底下的沉重壓力。

彼得在學校課業和課後活動游刃有餘，我沒有給他太多的引導。我不想讓他失望，但我安慰自己，讓他學習自我管理是有價值的。以前他只要表現出「我能搞定」或「別擔心」的樣子，我都會擔心個沒完沒了，現在我很驕傲青春期的兒子能在非常時期自動自發。

這個週末，麥克將去波士頓（Boston）接一個醫藥諮詢的案子，我有點不安，主要是因為我不想造成彼得或任何閨蜜的負擔。我也希望兒子好好過他的童年，或者應該說是青春期，而不必擔心我。我可以試著照顧好自己，然而精力不如以往，有時一整天都像一灘爛泥，但我會慢慢來，該休息的時候就休息，也經常叫外送比薩了，這是每一個青少年的夢想。

這兩天我大部分的時間都在起居室休息，彼得時不時探頭偷看，我跟自己說，他是在確認我沒事，但搞不好是想做什麼壞事，怕被我抓包？事實上，他這樣查看我，我很開心，能感受到他的愛，我知道青少年都以自我為中心，而彼得能關心自身以外的事，代表我們有把他教好。

星期天我聽見彼得在用洗衣機，我開始擔心了！他是個會把髒衣服和乾淨衣服一起堆在房間地板上的孩子。發生了什麼事？我這個當媽媽的，應該要幫他洗衣服才對，照顧他能讓我快樂，但我卻癱在沙發上。我打起精神，緩慢地走到洗衣間，雖然我為他感到無比的驕傲，不過我還是說：「讓我來吧。」

星期一早上來得比預期的要快，週末的時間總是飛逝而過，明天紐頓又要做化療了，今天我得確認誰來接牠，並檢查牠的淋巴結。紐頓在家裡的狀況很不錯，但牠睡得比平常多一點，話說回來，我也是。彼得放學回家後，紐頓會主動過去找他玩，否則這隻拳師犬就像我的私人看護一樣守在我身邊。

「嘿，這個星期換我去接紐頓，對吧？」麥克踏進廚房問。他早上要做的第一件事，就是喝一杯咖啡。我出差的丈夫昨天深夜回家了，真是如釋重負。

「對，沒想到你會問，要是我沒提醒你，你通常都會忘記。別介意。」我拋了一個媚眼說。

「這個嘛……」他開口道。

「怎麼樣？你可以接吧？」我無法再拜託更多人去接我們家的狗兒了。

「當然可以。只不過……我覺得牠的癌症復發了。」他解釋，並給我一個「別遷怒於我」的眼神。我的心揪了一下，希望麥克搞錯了。

「紐頓，親愛的，過來。」我喊道。

我觸摸牠的淋巴結，這次從臀部一路摸到頭部，彷彿顛倒順序就能翻轉結果。

「該死。」我低聲咒罵。在十個淋巴結中，有七個變大了。更糟糕的是，牠的肝臟也變大了，原本一直都是正常的。隨著癌症惡化，很容易擴散到肝臟和脾臟。

我怕得要命，紐頓應該要和我一起度過難關的。這是一個壞預兆嗎？我好愛紐頓，好愛牠溫暖的棕眼，好愛牠皺巴巴的臉抬頭望著我。我怎麼想並不是重點，我這麼告訴自己，但我需要牠。為什麼牠會得到這麼難纏又難搞的癌症？我要怎麼跟兒子說這件事？

我不知道答案，但我知道不該在彼得準備上學前說，沒必要讓他提心吊膽一整天。麥克和我都認同這一點。

彼得和麥克出門之後，我決定發簡訊給我的工作團隊，提前通知他們，從明天開始，紐頓將接受不同的治療，繼續原本的療程沒有意義，顯然效果不彰，我想使用牠的癌細胞還沒見過的藥物，我們將會有百分之五十的機會把病情控制住。如果紐頓是「一般」的狗兒（而我們已經知道牠不是），新的療程應該要能緩解病情長達一年，現在只能祈求好運了。我請團隊照常幫牠抽血和量體重，然後傳給我計算劑量。幸好，我自己的化療沒排在這幾天，可以把全副心思都放在紐頓身上。不過，我還是得去癌症中心做一些初步的檢查，包含三次電腦斷層掃描、一次腦部磁振造影（確認耳鳴的問題）、四次抽血、另一次聽力檢查……我的老天爺。在狀況好的日子，我告訴自己，耳鳴是身體在提醒我要對活著心存感激；在狀況不怎麼好的日子，我會自怨自艾，只希望不會影響聽力。我走上樓，穿上舒服又像樣的衣服來面對忙碌的一天。

隔天清晨五點四十五分，我的耳鳴就像響個不停的鬧鐘，唉！我覺得身心俱疲。昨天在一天內馬不停蹄地做了那麼多檢查，真是把我累壞了，也許我太有企圖心了，但寧願一天做完，也不要分成好幾天來回奔波。這是我的時間，至少我還能掌控它。

除了極度疲勞之外，即將揭曉的結果也帶給我沉重的壓力，我的身體感覺又重又慢，但必須起床送紐頓出門。狗兒從牠的窩抬起頭來；麥克還在呼呼大睡，鬧鐘再惱人都吵不醒他，我知道他也疲憊不堪。我轉身，慢慢地把兩隻腳放在地板上，今天屬於狀況不怎麼好的日子。

我和紐頓走下樓，牠知道應該做什麼。我先讓紐頓去院子裡解放，然後把牠的早餐放進狗碗裡並換水；我讓牠進來時，牠走向自己的碗，但速度很緩慢，今天沒有用跑的。在理想的情況下，化療會讓牠的步伐再度變得輕盈。儘管動作變得遲緩，紐頓還是把碗舔得乾乾淨淨的，我為牠擦了擦嘴（牠仍然是我的寶寶）。

「乖孩子。」我一邊稱讚、一邊抓抓牠的耳後，紐頓很愛人家摸這個地方。我拿起牠的牽繩，扣在項圈上，然後帶牠到前門等人來接。我回到廚房，幫自己倒一杯牛奶，這時候一部車開進環形車道，紐頓期待地嗚嗚叫，牠知道這部車是來載牠的，開始來回踱步。我跑過去把牠安頓在門邊，不想吵醒其他家人。性情溫和的牠，熱切地走向我的同事，然後試著跳上後座；今天，牠需要別人在後腿推一把。車子開走時，我可以看見這隻拳師犬粉紅色的大舌頭掛在嘴巴外。

不到一個小時，我的團隊就把紐頓的抽血結果和最新的體重傳給我了。牠有點貧血，除此之外沒有大礙。我回傳新療程的劑量，我知道他們會盡力而為。

麥克和彼得都出門後，我泡了一杯無咖啡因的紅茶，走到起居室的沙發躺下，今天是休息日。我把毯子拉到脖子上，祈禱新的化療對我們的愛犬有效。我從數位錄影機裡找出《神探可倫坡》，然後又沉睡了一整集。感覺時間沒過多久，我被前門傳來的鑰匙轉動聲叫醒，傍晚五點了！我竟然睡了一整天！

我掀開毯子，前去迎接三名回家的男子。麥克辛苦地奔波，去接了做完治療的紐頓和練完樂團的彼得。我對這個家卻一點貢獻也沒有，覺得很有罪惡感，但我知道身體需要好好休養。我提議訂披薩來吃，兩條腿的男生都舉雙手贊成。

我是個不照計畫走會全身不舒服的人，幸好隔天覺得稍微比較有力氣了。感謝老天，我的聽力檢查顯示一切正常，沒有喪失功能。醫師們說，疼痛和耳鳴在化療結束後會改善，但可能持續好幾個月，而且不會完全消失。

往好處想，我還保有「媽媽耳」，可以耳聽八方，持續戳破孩子的詭計，偵測到他不想讓我知道的事情。即便如此，每次做化療的前兩天，我還是得進行聽力檢查，確保沒有問題。由於其他的檢查都過關，我的療程會照計畫進行。

這次載我去癌症中心的是哈珀（Harper），那天剛好是國定假日，我們以破紀錄的速度抵達。看得出來她很緊張，滔滔不絕地說個不停，有數不清的句子黏在一起，我知道這是她處理焦慮的方式。我把一隻手放在她的手臂上，一滴淚從她的臉上滑落。我們走進癌症中心時，我聽見她嘆了一口氣，不過我倒是鬥志滿滿，彷彿隨著紐頓進入新的療程，我有某個開關被打開一樣。我到櫃檯報到時抬頭挺胸，像個權威人士，這是我的戰爭，我會贏得勝利，無所畏懼。

「Q護理師，放馬過來吧！」我在她走進病房時說。她用一種「妳瘋了」的眼神看著我。還好我兩天前才做過腦部磁振造影，可以證明我沒有徹底精神錯亂。

為了加強自我照護，我帶了預錄好的冥想音檔來播，癌症中心的員工可能覺得我有點誇張了，不過我這一生面對過許許多多的掙扎，這次真的要孤注一擲了。哈珀知道我會照著自己的節奏走，或是在這個情況下，會照著冥想女士的節奏走。在得「那個病」之前，我會使用手機的免費App進行五分鐘的冥想，一個月大概幾次吧，大概啦！但現在，我有一名治療師幫我錄了十五至二十分鐘的引導式冥想，讓我可以在化療藥物進入血管前放來聽。我第一次播放時，麥克在我旁邊，聽完後我睜開眼睛，發現丈夫睡著了，不斷地點頭！今天，當Q護理師開始幫我打漫長的化療點滴時，我按下手機上的播放鍵，閉上雙眼，什麼都不去想，只專注在這個令人放鬆的聲音：

在開始之前，將手放在心臟上方，或將手臂舒服地擺在身體兩側。首先，做三個深呼吸，吸氣、屏住，然後慢慢吐氣。當我們來到每一個器官時，都要好好地對它們表示感激。感受慈悲和支持像一股溫暖、金色、療癒、輕盈的能量在體內流動。從左腳底開始。看看那裡是否有任何感覺……

溫柔的聲音輕輕地帶領著我，冥想結束後，我慢慢睜開眼睛，Q護理師還在！她露出大大的笑容，拍了拍我的腿，然後走出病房。

每次做化療，我的耳鳴都會改變音調，目前的旋律還不賴。我們不知道毛孩會不會經歷相同的副作用，但如果某幾種藥物導致這樣的結果，也不令人意外。雖然無法檢查寵物會不會耳鳴，牠們也不能用言語表達，但我從來沒有聽飼主提過毛孩的耳朵出現什麼變化。不管怎樣，如果耳朵疼痛，牠們會不讓人靠近的，也可能搖頭，又或者因為不舒服而發出嗚嗚聲。值得慶幸的是，我還沒有見過毛孩病患有這樣的問題。

哈珀載我回家後，我再度不支倒地，好幾天都覺得噁心反胃，有氣無力。然後和往常一樣，我重新振作了幾天，接著骨頭和關節又痛了起來，回到昏昏欲睡的狀態。別人說我調適得很好，儘管除了四條腿的病患之外，我沒有任何可比較的依據。只剩下二輪治療了，但對我而言，「二」是個相當巨大的數字。

我和紐頓待在家的時間模糊成一片，牠接受新的化療已經過了六天，明天又要進行另一輪。此刻，我不想去摸牠的淋巴結，因為不想知道壞消息。今天是個難熬的日子，其實我需要好好哭一場，通常水龍頭是關不住的，我可以感覺到淚水湧上眼眶，但我硬是把它們往肚子裡吞，我告訴自己，我應該散發正能量，一哭出來就會一發不可收拾。再說，我不想影響麥克或彼得的心情，深吸一口氣！要相信我和紐頓都會沒事的。今天是素顏日（最近都是），實在沒理由不哭，不過在這場戰役中，我蓋的牆就像堡壘一樣聳立，我知道發洩出來會好過一些，但現在無法這麼做。

到了晚上，真的不能再拖了，必須為紐頓進行檢查。麥克坐在書桌前工作，背景音是電視播的堪薩斯城酋長隊（Kansas City Chiefs）的美式足球比賽。我和丈夫都知道，他其實是在看比賽，而不是專注在電腦上的工作，他會在那裡待上好幾個小時。兒子則是在樓上寫兩天後要交的學期報告（老天保佑），從男孩的角度來看，時間綽綽有餘；從我的角度來看，已經迫在眉睫。

「紐頓，過來。」我對愛犬說。這隻拳師犬向我走來，微弱地搖了搖尾巴。當我伸手摸牠的淋巴結時，牠知道有事情不對勁，這次我直接從脖子下方開始，一路往下摸到腹部，接著用聽診器聽心臟和肺部。

「噢，謝天謝地。」我鬆了一口氣說，抱了抱紐頓的脖子。「那個病」讓人心情的起伏就像坐雲霄飛車，在不可避免地下墜之前，總是希望能夠繼續上升。一滴淚珠不小心滑落，狗兒舔了舔我的臉，我忍不住笑了。

「麥克！彼得！」我喊道。沒有反應。我又喊了一次，這次他們都來到廚房。

「紐頓的癌症有好轉。」我用冷靜慎重的口吻說。

「所以化療有用囉，媽？」

「目前是這樣沒錯，但話不能說得太早。」我們被擺過一道，我不想讓父子兩人抱有錯誤的期待。「希望這個療程能把病情控制住一段時間。」我露出微笑，緊緊抱住兒子，聞了聞他的頭，吸取媽媽需要的能量。就在我們擁抱的同時，紐頓甩了甩頭，口水四處飛濺。

「好噁喔！」彼得叫出聲，接著哈哈大笑。狗兒的左下巴還掛著一條牽絲的唾液，而且不斷拉長。拳師犬都是一個樣！

「我們該拿紐頓怎麼辦才好呢？」麥克疼愛地說。平常他會抱怨紐頓流口水，但今晚他很高興幫牠善後。今晚，我們都很高興狗兒與我們同在，不管牠有沒有流口水。

「這是散步的好機會！想去散步嗎？紐頓小可愛？」麥克熱切地問。紐頓快樂地繞著圈圈跳舞，而麥克則是努力想要將牽繩套在動來動去的狗脖子上。

隔天早上，紐頓像往常一樣，由專車接送到醫院接受治療。我收到的抽血結果顯示，牠的貧血改善了。太棒了！過了淋巴結和紅血球這兩關。

當天晚上，麥克帶紐頓回家，牠跑到食物碗前查看裡面是不是奇蹟似地裝了滿滿的狗糧，卻發現一口也沒有，牠急不可待地在碗旁邊轉小圈圈。當晚餐送到牠面前時，兩三下就吞得一乾二淨；等牠到外面解放完後，大家都早早上樓去睡覺。我們的狗兒一切都好——我們的世界一切都好。今晚，全家和樂融融。

進入療程四個月後，紐頓的其中一個淋巴結變大了，不過其他淋巴結摸起來都正常，所以我會好好觀察，先按兵不動。紐頓持續接受化療，狀況一直都很不錯。

但又過了幾個星期之後，我再也無法自欺欺人了，紐頓的癌症正在惡化，我可以感覺到牠脖子下方和肩膀裡的淋巴結正在變大。當紐頓以某種方式轉頭時，我甚至可以看見凸起的部位。專門治療癌症的獸醫怎麼能讓愛犬被癌症擊倒呢？我只剩一招可以讓牠嘗試，有一種可能比之前注射的藥物會導致更多副作用的化療藥丸，服用後除了胃部不適之外，這個新療程還有百分之六的機率引發肝或腎衰竭。雖然機率非常低，但我的狗兒非比尋常。不過，有什麼牌就得出什麼牌了。

波卡 Bogart

活潑快樂、愛搖尾巴的
拉布拉多貴賓犬

波卡自己站起來了，沒有吊帶，也不用協助，牠搖著尾巴走過來，步伐有非常細微的變化。牠在海邊過了整整三個暑假，看著孩子們長大，也跟家人製造很多珍貴的回憶。

我和技師們已經看了十八個病患，還剩下兩個，大家都筋疲力盡，但深知我們為寵物和愛牠們的飼主家庭帶來了改變。為了撐過辛苦的一天，我們放了音樂，我特別喜歡八〇年代的歌曲，團隊則是吵著要聽嘻哈（hip-hop）還是鄉村（country）。音樂讓我們的每個步伐都充滿活力。

我很感激能夠回到工作崗位。隨著化療的副作用減輕，我的體力和衝勁都在恢復，即使比我希望的還要慢。但我不再抱怨一天的工作有多漫長和累人，儘管今天就像一場馬拉松，不過我正在用新的眼光看待這一切。我很幸運，身心狀況復元到可以工作，但有時既要當醫師、又要當病人，並非易事。每當我向初次諮詢的飼主說明寵物的癌症病情時，情緒還是會湧上來，我感受到切身之痛，但無法改變這一點，我只能繼續對抗可怕的「那個病」，不管是為了自己還是毛孩。

我坐在辦公室，想著那隻小小的黑褐色約克夏（Yorkie）史黛拉（Stella），牠多年前在這邊做過放射治療，今天早上又出現在診間，牠從一個古馳（Gucci）包包探出頭來，被一條粉紅色的小毯子包裹著。牠的飼主心急如焚，一口斷定狗兒的腫瘤復發了。我將史黛拉從牠的軟皮座椅和溫暖毯子裡抱出來，檢查有問題的部位，撥開牠的毛髮後，我可以看見大腿外側有個大約五公釐大小的褐色傷口。我抬起頭，臉上掛著大大的笑容：「狗兒被蜱蟲咬了。」這位小姐目瞪口呆。這種事情總是會發生，尤其是寵物曾經確診可怕的疾病，我完全可以體會。

我不久前才去看了皮膚科醫師，認為自己得了皮膚黑色素瘤（Xutaneous Melanoma），我注意到腹部中央有一顆黝黑的「痣」。皮膚科醫師仔細地用放大鏡觀察我裸露的肚子，然後抬頭看我，我感覺到她努力忍住竊笑。那顆「痣」是放射治療的醫療刺青，癌症中心的放射治療技師透過「痔」將儀器對準我的身體。所以我能理解史黛拉媽媽的感受，但我沒有竊笑，很高興能傳達好消息。

有時，確診來得令人措手不及；有時，就像那隻約克夏史黛拉，我們覺得有哪裡出了問題，但其實什麼事也沒有；有時，動物的直覺告訴我們，事情不對勁，我們就是知道。

我拿起病歷，檢視下一位病患的資料，從過去的紀錄來看，這隻狗兒沒有確診過癌症。嗯……也許我該打個電話給開轉診單的獸醫，確認是不是少了哪一項報告結果。

我走進檢查室，看見一名五十多歲、擁有一頭深色波浪及腰長髮的婦人，她一邊來回踱步，一邊咬著指甲，身旁的黃金獵犬（Golden Retriever）熱烈地迎接我到來。古斯（Gus）是一隻七歲的公犬，牠以迅雷不及掩耳的速度將熊掌般的爪子放在我身上。我退後一步，以免被撲倒。

「古斯，下來！」羅梅洛（Romero）小姐說。「對不起，牠平常不會這樣。牠是一隻比賽犬，知道不能跳到別人身上。」

「沒事的，羅梅洛小姐，這是工作的一部分。」我笑著說。「古斯在家還好嗎？」

「嗯，很好。」

「胃口怎麼樣，體重有沒有變輕？」

「沒有。」

「在家會嗜睡嗎？」

「老天！也不會，牠總是跑來跑去，我都快跟不上了。」
「牠水會喝得比平常多嗎？妳需要更頻繁地幫牠加水嗎？」
「不太需要。」
「妳發現牠的身體有新的腫塊嗎？」我邊問邊觀察這位飼主的表情。
「我沒有特別注意到。」
嗯……這不合理呀。這位飼主知道她預約的是腫瘤專科獸醫嗎？在為這隻黃金獵犬進行身體檢查之前，我不死心地再次發問。
「妳們怎麼會來找我看病？」
「這個嘛，是一個靈媒叫我來的。」
「靈媒？！」
「對，動物靈媒（animal psychic）。我帶古斯去算命，她說牠有癌症。我丈夫覺得我瘋了，但我擔心得要死，所以一有空檔可以預約就趕快來了。我希望是她搞錯了，但我心裡知道，她很有可能是對的。」
於是，我立即著手進行檢查。古斯興奮到又要把我撲倒，羅梅洛小姐協助我讓牠平靜下來。我仔細地為牠觸診，聽牠的心臟和肺部。遺憾的是，古斯有腫大的淋巴結，我和靈媒一樣，懷疑牠有癌症，可能是淋巴瘤。我告訴羅梅洛小姐我的擔憂後，她坐下來，搖搖頭。

「我就知道……」這位飼主說。「靈媒是對的。」

羅梅洛小姐選擇讓愛犬接受必要的檢查，最後古斯做了化療，病情也得以完全控制住。不過，那天當她第一次把古斯的牽繩交給我時，也把那個靈媒的名片放在我的掌心——

我到了技師站，把古斯交給團隊們，並給他們一連串的指示。我說了有關靈媒的事，以及為什麼羅梅洛小姐會來找我們，有的人很驚訝，有的人則是很困惑。

「我可以影印一份那個靈媒的名片嗎？」其他人帶古斯去做X光檢查時，潔姬問道。

「當然，怎麼了，妳也想幫寵物算命嗎？」我詢問。

「不是啦，加護病房的技師亞曼達（Amanda）最近很煩惱。一個多月前，她住在費城（Philadelphia）的妹妹養的橘色虎斑貓不見了，到處都找不到。她一直在講那隻貓的事，也許這個靈媒可以幫她。」

「好主意，試試無妨。」

一星期後，當我在打病歷時，加護病房的技師亞曼達跑來找我。

「醫師不好意思打擾了，我想要謝謝妳的幫忙。」

「不客氣，但我幫了什麼？」我疑惑地問。

「妳給我們的那個電話號碼，那個狗靈媒。我妹妹和她見了一次面，對方說，我妹妹的貓很安全，有個小老太太收留了牠，還餵牠東西吃。雖然靈媒無法告訴我們貓在哪裡，但她完整描述了前門的樣子。我妹妹和她男朋友找遍了她們住的社區，妳絕對不會相信，她們找到了符合描述的門，肉桂（Cinnamon）就在那裡！太神奇了！」

「我的天啊，太棒了！真為妳們高興。老天，羅梅洛小姐沒有誤導我們。」

這個喜訊讓我陷入了沉思。儘管我接受過多年的獸醫訓練，也持續參加所有進修會議，盡量理性地睜大雙眼看待每個病例，但有時還是需要不同的方法，才能找到答案。至少古斯和肉桂的情況是如此。

回到辦公室，我想起另一個結局沒有這麼美好的病例，但不管再怎麼糟，我仍然能夠提供一些安慰。麥斯（Max）是一隻又小又毛茸茸的淡黃色混種犬（Mixed-breed），嘴裡有一個很大的腫瘤，當牠喘氣時，可以看見那個瘤，連在隔壁房間都會聞到惡臭。這隻狗無法再吃乾狗糧，但狗罐頭倒是還可以。麥斯平常看的獸醫建議做切片檢查，牠的飼主拒絕了，但讓獸醫照了兩張胸部X光，不幸的是，狗兒的肺部有好幾個結節，病情很不樂觀，但飼主夫婦還是想找我談談。原來，他們在六個月前就發現這個腫瘤了，但因為經濟壓力的關係，當時沒有帶麥斯去看獸醫，一週又一週地過去了，腫瘤越變越大。他們拒絕做切片檢查也是因為沒錢——丈夫已經失業了好幾個月，而妻子懷有身孕。現在夫婦倆自責不已，覺得麥斯的癌症會惡化都是他們的錯。這個腫瘤的顏色很深，可能是黑色素瘤，我告訴他們，即使當初立即就診，也治不好牠；就算他們中了樂透，把所有錢都拿來讓麥斯治病，也無濟於事。因此，雖然我改變不了結果，但可以向他們保證，這不是他們的錯，無須自責。我們討論了一些方式，讓麥斯的最後幾個星期，在家能感覺舒服一點。這是一場很悲傷的對話，但至少當這對夫婦離開時，能夠卸下罪惡感的重擔。

下午四點，櫃檯小姐把頭探了進來，讓我從思緒中抽離。

「醫師，不好意思，要讓最後一組病患進來嗎？他們剛到。」

「謝謝，沒問題。我馬上出去。」

我拿起波卡（Bogart）的病歷，牠是一隻十歲的黃色拉布拉多貴賓犬（Labradoodle），有過敏史，偶爾長濕疹，動過異物取出手術（這個毛孩對襪子情有獨鍾）。牠長年服用關節炎藥物，但在過去幾個月，走路時的疼痛加劇了，牠的飼主來尋求第二意見，希望事情出現轉機。他們注意到愛犬的肩膀上長了腫瘤，但因為體積太大而無法進行手術，狗兒的體重也變輕了。我告訴團隊，我要去和病患諮詢，有需要再來找我。卡西迪跳了幾個嘻哈影片「丘比特曳步舞」（Cupid Shuffle）的舞步，我笑著繼續往前走。

我在候診室見到波特（Porter）一家人，爸爸、媽媽、女兒和兒子。顯然，波卡是家中的寵兒。父母起身迎接我，子女則是繼續用手機傳簡訊。波卡一直躺著，牠搖搖尾巴，但沒有站起來。我自我介紹後，帶這一家人到檢查室。爸爸抬起波卡的臀部，幫助牠有行走的動力，即便如此，牠還是走得很慢，而且有點搖搖晃晃，好像喝醉酒一樣。看到波卡辛苦地跟在家人後面，很令人難過。

到了檢查室，我在地板上為波卡進行身體檢查。他們全家人都盯著地板上的我，讓我覺得有點不自在，還好今天沒穿裙子。但作為一隻大型犬，波卡在地板檢查上比在檯子上舒服，加上牠行動不便，要牠來到我的視線高度，太強「狗」所難。波卡看起來並不在意我按壓推擠牠肩上的腫瘤，因此我可以假定不會痛。不過，當我往下觸摸到牠的脊髓時，牠不舒服地往後縮，這說不通。狗兒的心臟和肺部都沒有異狀，雖然肝臟感覺有點腫大。我從地板上站起來後洗了手。

「我認為波卡除了腫瘤，還有其他要注意的地方。」顧慮到在場的孩子，我斟酌著字句。「任何腫瘤，即使是像牠肩膀上這麼大的，都不應該導致狗兒走路變成這樣。我知道我們很容易把所有問題都歸咎於腫瘤和牠的關節炎，但我希望做一些檢查。」

「醫師，妳覺得會是什麼？」爸爸問我。我快速地瞥了他們的孩子一眼，表示這個話題需要謹慎處理。

「這個嘛，可能和神經有關。」我回答。「可能是你們認為的病情擴散，但也可能是別的問題，我們必須做完整的檢查才能有定論。如果你們決定不要這麼做，我也可以幫牠開一些消炎藥和止痛藥，盡量讓牠舒服點。」

「我們的第一隻狗就是這樣，一直到最後都不知道病因，我無法原諒自己。」波特太太坦承。「波卡是家裡的一份子。我們很幸運，有能力為牠做任何必要的事情。」

獸醫有點像是偵探，病患無法告訴我們哪裡出了問題，所以必須抽絲剝繭。一名好的偵探會檢視每一條情報，然後根據檢查結果調整調查方向，希望能得出一個結論，或者以我們的情況來說，一個診斷。由於波卡需要做一連串的檢查，波特家選擇交由我處理，我們會先做胸部X光、抽血、驗尿、腹部超音波，以及腫瘤抽吸。飼主允許我，在必要時進行進一步的檢查。

波特先生協助波卡站起來，他把牽繩交給我，正當我和狗兒往外走，準備去做檢查時，兩個孩子都從椅子上跳起來，雙手環抱住這隻拉布拉多貴賓犬的脖子。波特太太給了我一個母親對母親的眼神，彷彿在說：「拜託幫幫我們一家人。」我走過去，給了她一個擁抱。

當心愛的寵物得癌症時，我們一定不好過，有小孩牽涉其中時，更是難熬。我還記得第一次告訴彼得，我罹患「那個病」時，他的反應。我和兒子在沙發上坐下的那一刻，我感覺得出來，他知道我們要談的話題很嚴肅。我轉身面對他，心想，老天爺！請給我開口的勇氣。他用漂亮的棕色眼睛看著我，在我的臉上搜尋可能的線索。我把一隻手放在他的手上，輕聲告訴他，我得了「那個病」，即將要動手術。雖然我的聲音沒有顫抖，但對話卻變得異常沉默。我的心沉了下來，兒子的眼神滿是擔憂，他不發一語地盯著我。

我告訴他，我大約會有六個星期的復元期，化療和放療都還是非必要的選擇，醫師們希望派不上用場，但要等到病理結果出來才知道。彼得目不轉睛地看著我，而我也無法把眼神從他的臉上移開，他是我的乖兒子，雖然明顯對當下的情況感到無所適從，但還是冷靜自持。我有一股想要放聲大哭的衝動。

「你想要告訴朋友也沒關係。」我補充說。「事實上，我覺得你應該跟他們說。你的朋友會來家裡玩，我可能看起來會不太一樣，向他們敞開心扉談談會有所幫助。當然，你需要的話，爸爸跟我隨時都在這裡。」

「可是，媽，妳會好起來吧？一切都會沒事，對吧？」

我閉上眼。心想，求求祢，老天爺，幫助我打倒病魔，幫助我留在兒子身邊好幾十年，求求祢！我張開眼，回答這個問題。

「醫師說，我的預後很樂觀，你很清楚媽媽的個性，總是堅持不服輸，甚至可能到討人厭的程度。」我的臉上掠過一絲笑容，彼得也微笑以對。我試著保持堅強，但和兒子擁抱時，眼淚還是不爭氣地落下。他抱著我好一陣子。

我在工作站向團隊說明，需要幫波卡做什麼，他們將著手進行檢查，但我會先做肩膀腫瘤抽吸。狗兒一動也不動地躺在檯子上，無論病因是什麼，都對牠產生了重大影響。我從巨大的腫瘤中取出幾個樣本，然後前往實驗室，將載玻片染色，等待乾燥後，我拿到顯微鏡下觀察。這個腫瘤不是波卡的問題來源，只是個良性的脂肪瘤，我們得繼續追查兇手。

在波卡的檢查結果出爐前，我先看下一個病患，是來回診的米亞（Mia），牠是一隻六歲的母吉娃娃（Chihuahua），兩個星期前動了手術，取出一顆乳腺腫瘤，同時也切除了卵巢。

「米亞手術後的狀況怎麼樣？」我問飼主賈西亞（Garcia）太太。

「還不錯，到處跑跑跳跳。我什麼時候能把牠的頭套拿掉？」對方問。

「我先看看牠的傷口再說。」語畢，我把賈西亞太太腿上的狗兒抱到檢查檯上。米亞穿著一件紅色的針織毛衣，我把它脫掉。傷口看起來乾淨、完好無損，皮膚也已經癒合。

「牠看起來很好。」我說。「今天可以拆線了，只要牠不會去舔這個部位，就能把頭套拿掉。我們收到切片檢查的結果了，米亞非常幸運，牠的腫瘤是良性的。」我看見賈西亞太太的眼角泛著喜悅的淚水，她用面紙擦去。

「所以說，牠沒有癌症了？」

「是的，感謝老天。但我還是建議密切觀察，因為米亞比較晚才結紮，有百分之二十六的機率得乳腺癌。對在第一次發情前就結紮的母犬來說，得這種癌症的機率只有百分之零點八。」我盡量不去說教，而是傳達資訊。但母犬除非是展示犬（show dog），或是有潛在疾病，否則考量各式各樣的原因，絕育通常是比較好的選擇。

賈西亞太太再三向我道謝，她將持續觀察米亞，三個月後再回診。她為吉娃娃重新穿上毛衣，然後抱著牠走出去。我低下頭，注意到我把右手放在白袍上接近腹部的位置，手掌輕輕地擺在動過手術的地方，米亞的傷口差不多也在這裡。我甩甩頭，移開手，接著走出檢查室，繼續找波卡的病因。

我在辦公桌上看見這隻拉布拉多貴賓犬的抽血報告，大部分的數值都是正常的，但球蛋白偏高，鈣偏高，腎素也有一點點超標，目前最有可能的兩種診斷是腎病或癌症。潔姬把波卡的尿液報告交給我，並表示狗兒已經照完X光。尿液正常，波卡能夠完好地濃縮尿液，因此可以把腎病的可能性刪掉。在這個情況下，有三種最常見的癌症：淋巴瘤、肛門囊腺瘤（Anal Gland）和多發性骨髓瘤（Multiple Myeloma）。經過直腸觸診後，確定波卡的肛門腺是正常的，因此嫌疑犯只剩下淋巴瘤和骨髓瘤。

從狗兒的X光片看來，肺部過關，沒有腫瘤，也沒有積液。我再看肋骨和脊椎骨，它們在這三張X光片中都清楚可見，經過幾分鐘的檢查，我發現除了關節炎之外，這些骨頭上還有不該出現的微小圓形病灶。我向潔姬指出這一點，她總是希望多學一點有關動物護理的科學知識。這種骨頭的損傷常見於多發性骨髓瘤，而且可能引起疼痛，我在為波卡做體檢時，稍微一按壓脊椎，牠就會感到不舒服，可能就是因為這個原因。

多發性骨髓瘤是一種漿細胞疾病，漿細胞是我們體內的正常白血球。這種癌症雖然源於骨髓，但可能會迅速擴散到肝臟、脾臟、淋巴結和骨骼，造成我們在狗兒的抽血報告上看到的問題。我請我們的內科醫師幫波卡做超音波檢查，並抽取肝臟和脾臟樣本；也為了有更好的觀察，我的團隊拍攝了腹部X光觀察波卡的腰椎和臀部區域。影像顯示出，這些骨頭有更多的圓形病灶，而且牠的髖關節發育不良。

波特一家四口在晚上六點半來接波卡，急著想知道結果。我謹慎地告訴他們目前的發現，並解釋還有脾臟和肝臟取樣報告尚未出爐。

「所以，牠的確得了癌症，但可能和我們想的不一樣？」波特先生問。

「目前看起來是如此。」我說。「真的很遺憾。」我的話停了下來，感覺到四雙眼睛緊盯著我。「等我明天拿到最終的病理報告，就會知道了。到時我會打電話給你們，討論治療方案。現在，我先開一些止痛藥給波卡，你們就能帶牠回家了。」

他們連聲向我道謝。波特先生拿起波卡的牽繩，帶牠走出去，令人難過的是，我們的病患走起路來就像個步履蹣跚的老頭子。家人慢慢地在後面跟著，不想催促生病的愛犬。波特太太在後頭停留了一會，跟我說波卡對他們一家人有多重要，她非常希望狗兒能夠活到夏天，和孩子們一起在岸邊游泳。她似乎還想再補充些什麼，但只是頓了頓，然後再次謝謝我的幫忙。

隔天，我和團隊拖著腳步來上班，還沒有從昨天的疲憊中恢復。才不過早上九點，就在討論中午要吃什麼，食物是我們的一大動力，這一點倒是跟我們的病患沒兩樣！後來，我們決定吃波蘭餃子（pierogi），雖然不算典型的辦公室餐點，但很快成為我們的首選主食。偶爾訂午餐能鼓舞士氣，和放音樂有同樣的效果，讓我們有事情可以期待。我把心思重新放回工作上，整理昨晚到現在收到的傳真，波卡的檢驗結果就在這堆紙張中，報告證實了我的懷疑。我撥電話到波特家。

「嗨，波特太太，妳好嗎？」我問。

「噢，醫師，我很好，謝謝。我叫我先生一起來聽。」她說。我聽見走在硬木地板上的腳步聲，接著聲音變得悶悶的。「嗨，我們兩個都在電話上。」

「太好了。」我開口道。「昨天因為孩子們在場，我的用詞比較小心，現在檢查結果確認波卡患有一種叫『多發性骨髓瘤』的癌症。」我解釋了這種疾病的基本特徵。「最好能做個骨髓抽吸，才算是完整的檢查。多發性骨髓瘤無法治癒，但可以治療。波卡會疼痛和行動不便都是因為這個癌症，跟關節炎和髖關節發育不良都沒關係。不過只要服用化療藥丸，牠很有機會好轉，並感覺舒服點。」

「化療藥丸？讓牠在家吃嗎？」波特先生似乎很困惑。

「是的。有兩種不同的藥丸，一天吃一次。兩個星期後需要過來回診，但接下來，只要一個月做一次抽血和身體檢查就行了。」

「牠會覺得噁心反胃嗎？」波特太太問。

「化療藥丸有百分之八十五的機率不會產生副作用，只有百分之十五的機率會感到腸胃不適。如果是後者，前四天就會開始發生。第二種藥丸是類固醇強體松，這種藥會讓牠比較餓，喝比較多水，排尿比較多，也比較喘。一開始這些副作用會比較明顯，但幾個月後，我們會降低劑量，副作用就會減輕。還有，雖然大多數狗兒做化療不會掉毛，但波卡有一部分是貴賓犬，所以有掉毛的可能。」我接著解釋，貴賓犬的毛髮生長方式和人類類似，這品種的血統讓波卡擁有像羊毛般的柔軟金毛。「牠不會全禿。」我繼續說。「但身上的毛會變得稀疏，臉上的毛則可能掉光，好像刮過鬍子那樣，這要看牠貴賓犬和拉布拉多犬占的比例。」我補充道，「我真的很遺憾。」

「我們不在乎波卡的外表怎麼樣。」波特太太要我放心。「我們只希望把牠留在身邊。什麼時候可以開始治療？我們不想做骨髓檢查，直接進入療程就好。」

「卡西迪會在幾個小時內把藥丸準備好，你們可以到櫃檯去領。我們全年無休，你們方便的時候來就行了。在下次回診之前，也請繼續讓牠吃止痛藥。」

開車回家的途中，我想著波特一家人對波卡無條件的愛，不管牠有沒有毛，這樣的愛都不會變。而我卻坐在這裡，因為化療掉髮而煩惱不已，也許我應該無條件地愛自己，尤其是當虛榮心作祟的時候！

我很慶幸有研究了關於頭皮冷卻技術的資訊，也就是帕克斯曼（Paxman）冷卻帽，這能讓患者在做化療時，有機會保住一些頭髮。我在網路上調查好，然後對癌症中心施加了一點壓力才拿到處方箋。我不確定他們能不能了解這件事的重要性，禿頭是他們許多患者的常態，畢竟頭髮終究會長回來。但這是我的戰役，不是他們的。

基本上，帕克斯曼頭皮冷卻機長得像一頂很好笑的泳帽，連接著產生冰晶的機器。這種冷卻技術會限制血液流向頭皮，從而限制藥物接觸到頭髮的毛囊。對有些人來說，效果絕佳，能保住大部分的頭髮；對其他人來說，卻沒有太大作用。當然，我的保險不給付，但能刷信用卡解決的都是小事。我打算在明天的治療中使用這個冷卻帽，真希望從一開始就有這麼做，但晚做總比不做好。

在癌症中心的病房裡，陪我去化療的閨蜜協助我戴上帽子。這很費力，需要兩個人才做得到，就像嘗試把尺寸過小的防寒衣套在頭上一樣，但我不是為了舒服才戰鬥的。當帽子開始冷卻（冷凍）時，頭上的刺痛感讓我想起在中西部唸初中的日子，早上總是頂著濕漉漉的頭髮在公車站等車。在零下十度的天氣中，何必花時間吹乾頭髮？冬天那幾個月，一走出門，頭髮就結凍了，摸起來和聽起來的聲音都脆脆的。

有些人警告說，冷卻帽戴起來非常不舒服，聽說有些女性需要服用抗焦慮藥物才能戴上它，而有些則無法忍受，乾脆放棄。至於我呢？毫不在意！它很冷沒錯，但比起那段等公車的冬日早晨，根本不算什麼。這帽子最糟糕的部分是下巴的帶子，緊到難以清楚地說話或吃東西。這樣持續八小時，對陪我來的閨蜜很不好意思。但接著，我決定再更進一步。

除了掉髮的可能性之外，有些化療還會導致周邊神經病變（peripheral neuropathy），也就是手麻腳麻，在某些情況下，甚至會變成一輩子的問題。我知道這種傷害會讓你難以扣釦子和綁鞋帶，或走路容易跌倒，因此我決定先發制人。在我的工作中，我必須為病患進行靜脈注射，牠們有時是僅重四磅、脫水的寵物，要瞄準這麼小的目標必須具備良好的動作能力，而不是又麻又刺的手指。所以，在這段化療期間，除了戴上《冰雪奇緣》的浴帽，我還用冰袋包住手腳，就這樣承受整整八小時的磨難。我希望這樣能限制血液流向末梢，進而限制化療藥物和副作用。沒有人比我更「酷」了！

兩個星期過去，波特一家人如期回診。我進入檢查室時，男孩舉起他和姊姊畫給我的畫，他們用五顏六色的蠟筆在畫作的最上方寫下了大大的「謝謝」。

這次，波卡自己站起來了，沒有吊帶，也不用爸爸協助，牠搖著尾巴走向我，步伐有非常細微的變化，但整體來說好多了，走路的姿勢不再像一隻老態龍鍾的狗兒。我摸摸牠的頭並微笑。

「醫師，妳辦到了！波卡恢復到以前的樣子了。」波特先生開口道。

「對呀，牠還想吃我的襪子！」女兒插嘴說。她媽媽對她使了一個眼神，彷彿在說：「別太得意忘形。」但我們都很高興，波卡的狀態好到想去吃臭襪子。

我和這隻拉布拉多貴賓犬一起趴在地上，為牠做身體檢查。牠大部分的毛都還在，尾巴大力搖擺，全程「砰、砰、砰」地打在我的背上。我沿著牠的脊髓輕輕按壓至臀部，波卡似乎沒注意到或不在意，只顧著搖尾巴。我更用力地壓，放了些力道，但波卡還是像沒事一樣，這是很好的徵兆。牠的臀部很無力，但這是因為關節炎和髖關節發育不良的問題。不過，為了完整評估藥物的影響，我們還是需要幫牠抽血。

我帶波卡到後面，牠上了檢查檯也沒有要靜靜坐著的意思，尾巴繼續搖擺，在不鏽鋼的表面上發出砰砰聲響，隨著診間播放的鄉村音樂打拍子。沒想到疼痛減輕、癌症改善了之後，波卡竟然可以變得如此精力充沛，牠是一隻活潑、快樂又愛搖尾巴的拉布拉多貴賓犬，抽牠的血很有挑戰性，也許聽靜心冥想會對牠有幫助，就像我在化療時聽的那種。完成後，我幫助牠從檯子上下來，離開時牠留下了幾撮金毛。

帶牠回等候區的途中，我從窗戶看到了自己的倒影，是的，我還有頭髮，我知道變得稀疏了，儘管每個人都說看起來跟以前沒有兩樣。我不應該使用任何美髮產品、吹乾、用溫水洗或做造型，對「外觀」沒有幫助，我兒子現在花在打扮上的時間都比我還要多。不過，只要我的頭髮乖乖地待在頭皮上，怎麼樣都沒關係。

回到檢查室，我向波特一家人打招呼，說：「我有個好消息，波卡的球蛋白和鈣都降低了！腎素也已經是正常水準。」

波特太太問：「其他數值什麼時候會回復正常？」

「那需要時間，可能再幾個月，但數值都改善了。我會調整牠的化療劑量，下個月再回診就好。」

「太棒了。」波特太太說。「真謝謝妳。我們計畫帶牠去我們的海濱度假屋，可以嗎？牠能下水嗎？」

「當然沒問題。牠會讓妳知道，牠想不想下去、要下去多久，但這一切都和生活品質有關。妳應該也會注意到，每個月牠都會變得更強壯一點，精力也更旺盛。」

「那麼，我們要考慮什麼？」波特先生問。「牠的預後如何？」儘管年幼的孩子們可能在聽，他還是直截了當地問。兩個小朋友都在用手機，但我的用詞依然小心謹慎。

「平均無病期間大約是一年半。」我表示。

「這麼說來，牠能活到高齡了。」這位父親說。「你聽見了嗎，波卡？你會變成一個老頭子。」波特先生寵溺地揉了揉狗兒。接著一家人收拾東西，準備打道回府。波特太太再次留在後頭，私下找我說話。

「真的很謝謝妳為波卡做的一切。」她開口道。「多年前，我丈夫經歷了一段母親生病的恐慌期，我送了當時還是小狗的波卡給他，希望他能開心起來。他當時意志很消沉，但這招奏效了。波卡生病讓我非常擔心，這段時間很難熬，波卡讓我丈夫想起了他的母親，我真的很怕失去狗兒會讓他再度陷入悲傷。」

「我了解，這並不容易，我們因為各種原因依賴寵物。妳已經為波卡和家人盡了最大的努力。」我張開雙臂，給了波特太太一個擁抱。「他們很幸運有妳。」她打開門離開時，我說道。「祝妳度假愉快！」

最終，波卡在海邊過了整整三個暑假。牠看著孩子們長大，也跟著波特先生去打高爾夫，和他一起坐在高爾夫球車裡。這一家人不只和我保持聯繫，讓我知道狗兒的狀況，波特太太——吉兒（Jill）——還成為了我的好朋友。

某天早晨，我接到吉兒的電話，她認為波卡的癌症復發了，我請她帶狗兒過來給我看。我走進檢查室時，發現波特全家都在，他家的兒子現在已經比我高了。波卡還是搖著尾巴，但很緩慢，而且不太想站起來。我看見他們滿臉憔悴和擔憂，我馬上蹲下來和狗兒打招呼。

「嗨，親愛的。你身體不舒服，是嗎？」我輕聲說，摸摸牠的頭。狗兒抬頭，用有斑點的棕眼看著我。「我們來看看是怎麼回事。」

我開始有系統地檢查波卡的身體。心臟和肺部沒問題，淋巴結的大小都正常，肝臟和脾臟摸起來沒有異狀，眼睛清澈，嘴巴裡雖然有一些牙結石，但不需要擔心，肩膀上的脂肪瘤在過去三年變化也不大。我沿著脊椎輕輕按壓，牠沒有反應，再加一點力道，竟然還是無感，繼續增加壓力，狗兒依然一動也不動。我建議先做抽血和X光檢查，波特家同意了。

不到十五分鐘，我就拿到了波卡的血液報告。奇怪的是，看不出有什麼問題，球蛋白和鈣都正常，腎功能也很好，特別是對一隻十三歲的拉布拉多貴賓犬來說。我登入系統看牠的X光片，不管再怎麼仔細看，都找不出脊柱、肋骨或其他骨骼有任何溶解性病變。但我的確看見某個地方有異狀，我先請骨科醫師來證實我的懷疑。他進來看X光片，並檢查波卡，我們做出同樣的不幸診斷。

我走向在等待的波特一家人，他們焦急地看著我，知道沒有好消息。

「牠怎麼了？」波特先生脫口而出。「是癌症嗎？」

「不，牠的癌症依然控制得很好。」他們露出不解的神情。「問題不在於癌症，還好沒有復發，而是關節炎。」

波特先生努力想要理解這個驚人的轉折。「關節炎？不是癌症？」

「沒錯。很遺憾，牠的關節炎和髖關節發育不良嚴重惡化，目前正在服用的藥物已經幫不了忙，我問過我們的骨科醫師，可以試試其他藥物，但不一定有效，針灸有可能可以緩解症狀，但現在我對牠的預後不是很樂觀。」我憐惜地看著這一家人，他們也是我的朋友。

「所以牠打敗了癌症……但問題出在關節炎……」波特先生仍在消化這個資訊。「我不想失去我的狗，但我會說這仍是勝利的。」

他的妻子和我交換了一個眼神，她沒有辦法像丈夫那樣看到光明面。

這家人選擇讓波卡試試新的藥物。兩個孩子都低著頭，波特先生用吊帶幫助波卡走路，我目送他們離開。吉兒戴上墨鏡，竭力掩飾自己紅腫潮濕的雙眼。我很心疼他們，今晚會打電話給吉兒，看看他們狀況如何。

一個星期過去了，波卡的病情沒有好轉。我和波特一家人講了一通很長的電話，討論怎樣可以讓他們的愛犬擁有高品質的生活。波卡現在要起身走路越來越困難，導致牠憋尿，有時尿液會從牠躺著的地方漏出來，但狗兒似乎沒有意識到這一點。吉兒並不在意頻繁幫牠洗狗窩，但這對一隻拉布拉多貴賓犬來說，不是好的生活方式。我提到，有時像這樣的老化現象，會變成寵物最大的問題，而不是疾病本身。

「妳已經盡力幫助波卡了。」我告訴她。「雖然這個決定很艱難，但妳多給了牠三年的時間在沙灘上奔跑、和家人相處，以及坐高爾夫球車兜風。妳給了牠美好的生活，牠很幸運能成為妳們家的一份子。」

「我知道。」吉兒說，然後嘆了一口氣。「真的很難。我不想和孩子們談這件事，但我知道他們心裡已經有底了，沒有人願意看波卡受苦。」

「如果有需要，我可以幫妳跟他們談談，這是一場艱難的對話。」我表示。這對夫妻選擇讓心愛的狗兒在家平靜地離開。他們會舉行家庭會議，和孩子討論臨終選項，我為他們介紹了一位很棒的獸醫，專門執行居家安樂死和安寧照護。

「這些年來，妳不知道給了我們多少珍貴的回憶。」吉兒開口說。「妳讓狗兒好起來，也讓我們全家的生活更好，我們怎麼感謝妳都不夠。」

我謝謝她的美言。但說真的，這是我的榮幸。我只希望我們的寵物都能待在身邊久一點。

莎夏
Sasha

好動、愛玩的女孩，
大哥最心愛的德國牧羊犬

牠的生活品質是最重要的。時間到了，牠會用自己的方式告訴你，到時你們會面臨另一個決定。以人道的方式結束寵物的生命令人心痛，但不管有多不捨，這都是飼主所能做出最無私的決定，你不希望牠受苦。這沒有所謂對錯。

「緊急呼叫，五線，緊急呼叫，腹部出血。」櫃檯人員透過對講機喊道。我衝過去接電話。

電話的另一端傳來：「謝謝妳接電話，我是史密斯（Smith）醫師。我這邊幾分鐘前來了一名病患，這隻狗突然變得昏昏欲睡，一點精神也沒有。牠的肚子脹脹的，我把針頭刺進腹部，抽出來都是血。」

「好，馬上把牠送過來。」我說。「到這裡需要多久時間？」

「牠的飼主正要離開，大概二十分鐘。」

我掛上電話，請團隊準備處理內出血急症。卡西迪找來一張輪床，潔姬收集輸液袋、導管和靜脈注射藥物，並安排血型鑑定，以防狗兒需要輸血。前臺隨時待命，等待他們的到來。

「緊急呼叫，輪床到停車場！」對講機傳來通知，這一家人飛奔而來了。

我的團隊開始行動，兩名技師從斜坡把輪床推到停車場，飼主已經打開了黑色凱迪拉克（Cadillac）休旅車的後車廂門，他們的德國牧羊犬（German shepherd）側躺著，氣喘吁吁的。技師們迎接狗兒，數到三之後，把牠抬到輪床上，幸好牠在牧羊犬當中算是小隻的，不會很難抬起。我詢問飼主，可不可以讓牠使用鎮定劑，他們一致同意。我們迅速將牠送往治療區。

在我們把狗兒推到後面的同時，瓦達莫瓦（Vadamova）夫婦告訴櫃檯人員必要的資訊：牠名叫莎夏，九歲，已結紮，除了幾年前得過一次萊姆病（Lyme Disease），兩歲時右前腿受傷，以及胃部敏感外，沒有其他的健康問題了。牠的飼主急得像熱鍋上的螞蟻，瓦達莫瓦太太在候診室的椅子上坐下，她的丈夫則是緊張地來回踱步。

在檢查室裡，莎夏粗重地喘氣，當我查看牠的口腔時，牠沒有試圖從輪床下來的意思，牙齦十分蒼白，表示貧血很嚴重。我聽牠的胸腔，心臟跳得很快，這是身體對失血的反應。我的團隊剃掉牠右後腿的一小塊棕毛，接著消毒，先使用藍色的洛華盛消毒劑（Nolvasan），再擦酒精。潔姬著手將導管置入莎夏的血管裡，但針頭一插進去，血管就塌陷了，技師無法將導管送進去，但我們需要靜脈路徑來幫助鎮定和治療這名病患。因為失血的關係，這隻牧羊犬的血壓很低，導致血管更難插。技師必須找另一個位置，這次我們換成莎夏的左前腳，再重新試一次。嘗試幾次後，導管終於順利置入，我請團隊在這個位置抽取血液樣本，以更好地評估莎夏的狀況。一名護理師跑到實驗室去驗血，她會告知內科醫師，我們需要馬上進行腹部超音波檢查。

就在我們連接靜脈輸液時，內科醫師急忙將超音波儀器推過來，他剃掉莎夏肚子上的毛，然後將冰冷的藍色超音波凝膠塗上去。莎夏沒有往後縮，牠一定是痛到管不了那麼多了。醫師有條不紊地移動超音波探頭，接著揚起眉毛，表示找到了原因。

「牠的脾臟上有一個腫瘤，正在出血到腹部。」

「是良性的嗎？」我問，雖然我們都知道，光是靠超音波無法下定論。

「不確定，但我會看看有沒有其他異狀。如果是癌症，會確定有沒有擴散的跡象。」

「能請你也檢查一下心臟嗎？」

「正在看。」他回答，開始進行徹底地評估。

我走到走廊另一頭的實驗室，技師把抽血報告交給我，沒錯！莎夏有貧血症狀。此外，牠的凝固酵素有點低，如果瓦達莫瓦夫婦選擇繼續治療，莎夏會需要特殊照護。

當我轉個彎，踏進候診室時，這對夫婦站了起來。他們跟著我，進入一間檢查室，這是個安靜的地方，在這裡我們可以進行艱難的對話。

「莎夏的狀況怎麼樣？」瓦達莫瓦太太問，她灰色的眼眸焦急地掃視我的臉龐。

「牠正努力撐著，而我們目前在為牠輸液。你們的獸醫是對的，莎夏正在出血，流進了腹部。」

瓦達莫瓦太太用手遮住嘴巴，瓦達莫瓦先生一句話也沒有說。

「牠的脾臟有一顆腫瘤，血就是從那裡流出來的。」

「那是癌症嗎？」

「目前還不確定，有可能是，要做切片檢查才能知道。如果你們有意願，接下來可以讓莎夏做腹部手術，切除脾臟和出血的腫瘤。接著，我們會把樣本送到病理實驗室確認，只不過腫瘤是惡性的可能性比較大。如果是惡性的，我們沒辦法治好；如果是良性的，牠會沒事的。惡性的機率大約是百分之三十五至六十五。」

「我不喜歡這個數字。」瓦達莫瓦先生說。

「我也不喜歡，但事實就是如此。」我告訴他。「如果你們想要動手術，今天就可以完成。牠會需要先輸血，手術中或手術後可能還會再輸一次。莎夏失了很多血，凝血功能也受損。」

我深吸了一口氣。「如果你們決定不要動手術——這件事沒有對錯——那可能要考慮安樂死。」

要向飼主這麼開口並不容易。瓦達莫瓦夫婦什麼也沒說，一臉茫然。我走出房間，給他們一點時間思考，但時間不多了，莎夏正在跟死神拔河。

過了片刻，瓦達莫瓦先生從檢查室門口探頭出來。「不好意思，醫師？」他說。我走回房間，氣氛很凝重。

「我們決定動手術。」他說。「盡一切可能救牠。」

「你們已經了解，如果腫瘤是惡性的，我們治不好牠，對吧？而且在這個情況下，莎夏的預後不會太樂觀，手術也會有風險。我們會盡力讓牠鎮定，但牠有可能撐不過手術。」一滴淚珠滑落瓦達莫瓦太太的臉龐。我把手放在她的肩膀上。

「醫師，我們要放手一搏。」瓦達莫瓦先生說。「我該在哪裡簽名？」

兩名技師把莎夏推進電梯，帶牠到二樓，轉給手術團隊。輸血已經開始進行，很快就要準備動手術，手術技師會先幫牠照胸部X光，確認沒有東西擴散到這隻牧羊犬的肺部。我們的外科醫師技術很好，執行過很多像這樣的重大手術，但這仍然是場硬仗。假設莎夏撐過了手術，牠必須住院好幾天，接受特別照護，直到體力恢復到一定程度才可以回家。

我回到辦公桌前，把莎夏的病歷填完，這時我想起了自己的出血經驗。我做完第三輪化療後，右手臂長出一顆網球大小的腫塊，就在靜脈注射的位置。它讓我痛到晚上睡不著覺，決定去檢查一下，以免耽誤到下一次化療。我和丈夫去了一趟癌症中心，才知道那是表皮血栓，幸好不需要特別治療，只要熱敷和居家護理就好。不過糟糕的是，做完下一輪化療後，我得了中度靜脈炎，兩隻手掌和手臂都多了好多血栓，這些表皮血栓雖然不會構成危險，但把我嚇個半死。更嚴重的血栓可能會脫落，並移動到很不妙的位置，我忍不住胡思亂想，晚上睡覺時會擔心明天不會醒來。

莎夏在兩個星期後回診，我進入檢查室，看到一隻截然不同的狗兒。這隻牧羊犬在房間裡轉來轉去，大口喘氣，精力充沛。牠馬上過來迎接我，討摸摸，我伸出手，抓抓牠的下巴。當牠抬頭望著我時，氣色看起來很好，健康紅潤。瓦達莫瓦夫婦也變得很不一樣，他們神情輕鬆地坐在檢查室的椅子上，臉上掛著微笑。

「牠恢復成原本的莎夏了。」瓦達莫瓦太太說。

「真令人高興。」我回應，雖然帶著一絲猶豫。他們簡短說明莎夏的近況，胃口很好，在家跟平常一樣活動，沒有嘔吐或腹瀉。由於牠是一隻大型犬，所以我在地板上為牠做身體檢查。

莎夏非常好動，以為我要跟牠玩，因此我請一名技師來幫我按住牠。莎夏沒有表現出任何開過刀的跡象，除了腹部缺了一塊被剃掉的黑褐色毛髮，縫線也還在。動完腹部手術後十四天，我知道我絕對無法到地板上玩，更是花了好幾個星期才能夠正常走路並站直。

儘管有這麼多正面的跡象，一站起身，我還是不得不說：「很遺憾地，我沒有好消息。」這對夫婦心急如焚地看著我。

「根據病理報告，莎夏得了一種非常具侵略性的癌症，叫血管肉瘤（Hemangiosarcoma）。這是最常出現在狗兒脾臟的腫瘤，它來自於血管內壁，可以馬上進入流動的血液。也就是說，這種癌症可能會擴散得非常迅速。」瓦達莫瓦夫婦的臉垮了下來。「真的很遺憾。」我說。

「我們能做什麼，醫師？」瓦達莫瓦先生問。

「你們讓莎夏動手術，已經幫了牠一個大忙，讓牠再度擁有高品質的生活。」很明顯地，我正試著往好處想。「可惜的是，光靠手術，牠的預後基本上只有三個月。」

「三個月！」他大叫。

「是的，真的很抱歉。」我回答。「我們可以試試讓牠做化療。一般來說，狗兒做化療的效果很好。」我詳細說明這種治療方式、可能的副作用、時程和費用。

瓦達莫瓦先生看起來很不滿。「所以我們治不好牠？」

「是的，沒辦法。」我小心地回答，略過他的語氣。瓦達莫瓦先生一拳打在檯子上，我往後退，他的妻子則是眼睛盯著地上。「但化療有機會幫助牠，一般來說是這樣……」我斟酌著字句，盡量別帶來不切實際的希望。「一般來說，化療可以提供大約六個月的幫助。大約百分之十的狗兒可以把病情控制住一年，但我們要注意，這些是平均數字，有些狗兒反應很好，有些就沒那麼好。現在，我們必須假定莎夏是一般的狗。」瓦達莫瓦夫婦不發一語，他們只是看著我，讓這些資訊在腦袋裡發酵。「我會出去一下，給你們一點時間討論。如果你們決定做化療，我們今天就可以開始；如果不做，也沒關係，這件事沒有標準答案。」我把這對夫妻和他們的愛犬留在檢查室。

在忙碌的診間，很容易忘記時間，但我不想把瓦達莫瓦夫婦留在房間裡太久，如果他們有任何進一步的問題，我希望可以在場。我給他們十分鐘，然後輕輕地敲門，再次步入檢查室。瓦達莫瓦太太像是哭過的樣子，她小心地拭去淚水，試著不讓妝花掉。

「你們還有其他問題嗎？」我問。

「沒有，我們想要讓牠做化療。」瓦達莫瓦先生毫不猶豫地說，然後把狗兒的牽繩交給我。

我把莎夏帶到後面，或者更正確地說，是莎夏把我拉出門外，走向走廊另一頭。此刻，牠很強壯，神清氣爽。牠像在檢查室迎接我一樣，熱情地問候我的腫瘤科三人組。技師們把莎夏放在體重計上，但很難讓牠乖乖不動，不過我們的目標是讓牠擁有好的生活品質，因此精力過剩不算壞事。我記下牠的體重，然後計算化療劑量。潔姬全副武裝，在生物安全操作櫃中調製藥品；其他兩名技師把莎夏放在治療檯上，但牠還是像一隻蟲般動個不停。我們不想使用鎮靜劑，所以請另一名技師過來幫忙，這才設法讓狗兒安靜下來。我們撫摸莎夏，稱讚牠是一隻乖狗狗。牠的血管健康完好，這次技師可以毫不費力地置入導管，執行化療。十分鐘後，化療結束，莎夏跳下檯子。

卡西迪將莎夏帶回飼主身邊，他們張開雙臂等待著。我們請他們到前面櫃檯找蒂亞拉（Tiara），為莎夏預約三週後第二次的化療回診。我寫完莎夏的病歷，關上電腦，為今晚畫下句點，經過了漫長的一天，我很期待回家。就在我掛上白袍時，蒂亞拉過來找我，一副傻眼的樣子。

「怎麼了？」我問道。

「我覺得很怪。」她說。

「什麼很怪？」

「瓦達莫瓦先生。他兩次要我打電話給另一名飼主，讓對方改時間。」

「什麼？他幹嘛這樣？」

「因為他就是要特定的日期和時間，延個三十分鐘都不行。我不該答應的，但我還是做了。他很讓人害怕。」

「還有其他狀況嗎？」

「沒有，但他一定超級有錢，所有費用都付現，連莎夏的緊急手術帳單也是，我從沒見過這麼多鈔票擺在眼前。」

「嗯……瓦達莫瓦先生不該讓妳改別人預約的時間，有事情需要協調的話，我應該要在場，強迫妳這麼做是不恰當的，我下次會跟他談談。」

幾個星期後的某一天，我決定早一點去辦公室，處理一些文書工作。我瞄了一眼當天的診，看到瓦達莫瓦夫婦約了十點半，他要求上午的這個時間滿奇怪的，大多數行程滿檔的人，都會想要早上第一個來，或約最晚的診。

到了十點半，不見莎夏蹤影。十點五十分，蒂亞拉撥了一通電話到瓦達莫瓦夫婦提供的手機號碼，電話直接進入語音信箱；家裡的電話也沒人接，因此她留了口訊。又過了十分鐘，瓦達莫瓦夫婦的黑色凱迪拉克開進停車場，他們慢慢地在草地上遛狗，看看莎夏是不是想解放，但牠只是四處聞聞。在十一點零五分，我穿上白袍，走到外面去找他們。

「嗨。」我邊說邊穿越停車場，來到有草地的地方。瓦達莫瓦夫婦轉身看我。「我們不確定你們會來，你們已經錯過預約時間了。」

「妳們現在可以帶莎夏去治療。」瓦達莫瓦先生告訴我。

「通常十一點都有約診，但我們很幸運，今天剛好沒有。我絕不會把莎夏拒於門外，如果你們錯過了預約時間，我願意盡量配合，不過如果有下一個病患，而且準時過來，我還是得先看他們，需請你們等等了。」

「我不想等。」瓦達莫瓦先生告訴我。很明顯地，這個男人經常為所欲為。

「你們今天不需要等，但如果之前有人預約，就不得不等了，不然對其他準時到的病患不公平。說到這一點，如果你們一定只有某一個時間能來，但已經沒有空檔，請直接問我，我們不能讓櫃檯人員改其他人的預約。」我直直地看著他的眼睛。他嚴厲地瞪著我，但什麼也沒說。「你只能這個時間來，有什麼理由嗎？或許我可以幫得上忙。」

「沒有，我就是喜歡十點半。」他直白地說。我繼續看著他的眼睛，直到他的表情變得和緩，並移開視線。我們一起走進醫院。我這麼用力地堅守立場，很慶幸今天的午餐點了大三明治。

我帶莎夏到後面抽血，牠還是很有活力，狀態絕佳，而我們已經知道要怎麼讓牠保持不動。團隊按住牠，讓我為牠抽血，然後做身體檢查。牠的牙齦呈粉紅色，很健康；心率為每分鐘一百二十下，恰到好處；肺部毫無異狀；腹部摸起來正常，沒有腫大的器官；抽血報告也沒什麼問題。在為莎夏進行第二次化療之前，技師請了幫手過來，治療的過程中絕對不能讓牠動，而且為了牠著想，我們盡量不使用鎮靜劑。莎夏是一隻快樂的狗兒，和之前一樣，三個人輕輕按住牠，可以讓牠乖乖側躺著。化療一結束，導管移除，血液也凝固後，狗兒就從檢查檯上跳下來，牠拉著技師走回候診室，瓦達莫瓦夫婦帶著微笑迎接牠。

我又看了兩個病患，就到了午餐時間。在去員工休息室時，我順路到接待櫃檯詢問：「蒂亞拉，瓦達莫瓦夫婦離開時，有發生什麼問題嗎？」

「沒有，我幫他們約了一個空檔，瓦達莫瓦先生還是用一大疊鈔票付賬。搞不好他們有個跟我差不多年紀的兒子。」她咯咯地笑著說。我翻了一個白眼，然後去吃午餐。

莎夏下次再回診的時候，牠與家人準時抵達。瓦達莫瓦夫婦表示牠的狀況很好，正常活動，胃口也不錯。莎夏乖乖地跟著技師走到後面，牠跳上檢查檯，技師按下按鈕，將檯子升高。莎夏今天沒那麼好動，幫牠抽血容易多了。在做身體檢查時，我注意到牠的牙齦雖然還是呈粉紅色，但比之前蒼白，這可能沒什麼，不過五分鐘後，當我看到牠的抽血報告，發現牠的紅血球數下降了，出現貧血症狀。我需要讓飼主知道這件事。

我走到候診室，告知瓦達莫瓦夫婦，我們需要去檢查室私下談談。瓦達莫瓦太太的臉上滿是擔憂。

「莎夏在家真的都沒事嗎？不會無精打采？」我輪流看著他們兩人。

「我覺得牠最近比較安靜。」瓦達莫瓦太太坦承。「而且睡得比較多。」

「牠沒事。」瓦達莫瓦先生堅持，彷彿事情就此拍板定案。接著，他轉身面對妻子說：「妳搞不清楚。」

「我很清楚。」她回嘴。「我整天都跟狗兒在一起。」

我清了清喉嚨，用力地吞口水。

「我沒有好消息。今天檢查出牠有貧血症狀，這讓我覺得牠在家應該變得比較安靜。」我和善地看向瓦達莫瓦太太。「我希望能做腹部超音波，確認……」

「好。」瓦達莫瓦先生打斷我的話。「那就做，我們會在這裡等。」

於是我回到後面安排檢查。

內科醫師才剛幫一隻傑克羅素㹴犬（Jack Russell）取出一塊卡在嘴裡的木頭，真是傻狗兒。等他準備好之後，我的團隊便帶莎夏到加護病房。

我在電腦前坐下，更新這隻牧羊犬的病歷。過了大約二十分鐘，我開始坐不住，我需要知道莎夏到底怎麼了。

我前往加護病房，探頭進去問：「有發現什麼異狀嗎？」

內科醫師還在狗兒的肚子上慢慢地來回移動探頭。「看起來很不妙。」他回答。

他和我討論了一下，然後我準備好告訴瓦達莫瓦夫婦這個壞消息。

當我走進候診室時，他們都期待地站了起來。我的態度足以說明一切，兩人靜靜地跟著我進入檢查室。

「是什麼問題？」丈夫問道。

「牠的癌症擴散到了肝臟，目前……」

「能切除嗎？」瓦達莫瓦先生脫口而出。「如果是錢的問題，不管多貴我們都願意付。」

「很遺憾地，已經擴散到整個肝臟，所有肝葉都有。範圍太大，動手術沒有好處。我很抱歉。」

我停頓下來，給他們時間消化。接著繼續說：「即使砸再多的錢，都改變不了莎夏的現狀。」

我在他們的身旁坐下，握住瓦達莫瓦太太的左手，她用右手拍了拍我的手，然後放在上面。我們無聲地坐著。

「牠的癌症比一般狗兒的癌症還要更具侵略性，你們已經為牠盡了最大的努力。我們可以試試不同的化療療程，但我認為幫助不大。」

「我想我們應該要帶牠回家。」瓦達莫瓦先生表示。他的妻子點點頭，然後盯著地板，她把我的手握得更緊。「我們要怎麼知道……牠什麼時候離開？」她問。

「最重要的是牠的生活品質。時間到了，牠會用自己的方式告訴妳，妳是最了解牠的人。但隨著癌症惡化，牠會開始覺得很不舒服，就像我們得了流感那樣。

這種疾病會與牠的身體爭奪能量，所以牠家裡會安靜許多。」瓦達莫瓦太太點點頭，她已經注意到這個現象。「妳可能會發現，莎夏的體重開始變輕，儘管胃口還是很好，這是因為癌症會利用牠吃下的營養。最終，牠的食慾可能會降低，就像我丈夫，他每天通常可以吃兩次起司漢堡，但得了流感時，只想吃餅乾或是沖泡濃湯。」我試著緩和氣氛。

「當然，莎夏可能再次出血，和之前一樣，這會是緊急狀況。如果發生這種情況，牠可能過不了這一關，到時，你們會面臨另一個決定。」

「牠不會受苦吧？」瓦達莫瓦先生問。

「謝天謝地，不會的。」我肯定地說。

瓦達莫瓦夫婦告訴我，他們了解了，並選擇帶愛犬回家，享受最後的時光。飼主心知肚明，這大概只會是幾個星期。我請他們有任何問題就打電話給我，也提醒他們，醫院二十四小時都有人員值班，必要時還有急診獸醫。瓦達莫瓦太太表達她的感激之情，我們給彼此一個擁抱。莎夏跟著瓦達莫瓦太太去停車場，瓦達莫瓦先生則去繳費。

做完化療應該是值得慶祝的事。可惜的是，對莎夏來說並非如此。通常，當四條腿的病患做完化療時，我們會大肆宣揚，因為這是一項了不起的成就。我和技師們會笑容滿面地前往候診室，頒發個人化的獎狀給狗兒，並給飼主愛的抱抱；有時，甚至會拍幾張照片。在這幸福的時刻，大家的眼眶都濕濕的。偶爾，在走向飼主的途中，潔姬會用手機播放《洛基》（*Rocky*）的主題曲。知道如何營造氣氛很重要。

至於我，已經正式結束化療，但結束得很空虛，就好像承受了最後一擊、吃了一記悶拳（雖然是以化療靜脈注射的形式），然後不得不自己撐下去。我覺得很洩氣，但應該要興高采烈才對。當我做完放療時，有一個很響亮的銅鈴可以搖，候診室滿滿的病人和員工拍手叫好。今天沒有銅鈴，也沒有掌聲，天色晚了，清潔人員已經在打掃這一區，一名護理師在辦公桌前處理最後的文書工作。沒有人「看見」我，說不出的落寞。我收拾好自己的東西，把它們緊緊地抱在胸前，慢慢走出這棟巨大的灰色建築物。我拖著破舊的軀殼，黃昏已經降臨，我只想回家躲起來。

我們很習慣一週又一週地見到寵物和飼主，我非常習慣這樣。雖然很高興寵物能完成療程，但一部分的我會想念這些四條腿的朋友，想念和牠們的家人聊天。當他們離開時，一部分的我彷彿也走出了門外。

對我個人來說，作為一名病患很有安全感，治療團隊每隔幾個星期就會見你，幫你抽血，確認你沒事。我覺得我現在像是被推出去，只能自求多福，但我知道醫師會密切追蹤我的狀況，事實上每三個月就會追蹤一次。我的腫瘤醫療團隊說，這是他們開始計算病情緩解的時間。感謝老天，所有嚴重的（也就是肉眼可見的）疾病都經過手術切除了，我做了這麼多化療和放療，希望殺死所有肉眼可見的癌細胞。但現在只能靜觀其變，祈禱它不會復發，每個星期過去都會想，我有沒有錯過什麼徵兆？腫瘤會不會默默地在生長？深呼吸。提醒自己，要相信一切都會沒事，每天都要心存感恩。

兩個星期後，我打給瓦達莫瓦夫婦關心莎夏的狀況，瓦達莫瓦太太接起了電話。

「對，是的，莎夏看起來還不錯。牠的確睡得比較多，但飲食和排泄都正常。」

「太好了，很高興聽到妳這麼說。牠的牙齦呈現什麼顏色？」我問。話筒另一端的聲音停頓了下來。

「喂？」

「我還在，我不想看牠的牙齦。」她承認。「我不想知道。」

「好，沒關係，那別看了，我只是問問，沒事的。」我不希望讓她的心情陷入谷底，這個過程對我們所有人來說都不一樣。「只要莎夏擁有好的生活品質，開心地跟妳在一起，那就是最重要的。」我們都掛上電話了。我寫下便條，提醒自己要繼續與這一家人保持聯繫。

又過了一個星期，我再度撥了電話過去，這次是瓦達莫瓦先生接的。

「醫師，牠很好，真的沒有問題。有的話，我們會打給妳。」他的語氣生硬又冰冷。

「好的，有需要的話，我們隨時都可以協助。」我掛上電話，把提醒自己要保持聯繫的黃色便利貼丟掉。我拿起下一份病歷，準備開始看診。

隔週，瓦達莫瓦夫婦音訊全無。到了第五週，潔姬打給莎夏原本的獸醫，看看對方有沒有聽到什麼消息，但也沒有。到了第六週，早上七點我才剛脫下外套並登入電腦，就看見莎夏的病歷擺在我的工作站，感覺不太妙。我把外套扔在椅背上，拿起病歷快速翻閱，紀錄顯示莎夏在家嚴重倦怠，甚至可能因為虛弱不堪而倒下，瓦達莫瓦夫婦昨天晚上十點帶牠來掛急診，檢查出牠極度貧血，牙齦蒼白。由於病情惡化，生活品質低落，家人選擇讓牠安樂死。

雖然瓦達莫瓦夫婦做出了對的決定，但我相信這並不容易，從來都不容易。以人道的方式結束動物的生命令人心痛，但不管有多不捨，這都是飼主所能做出最無私的決定，你不希望心愛的寵物受苦。而對獸醫來說，雖然知道這個程序是對的，而且有時候是必要的，但也不會比較容易執行。我必須非常專注地把導管插入血管並注入藥物，拚命忍著不讓眼淚掉下來，保持專業態度，如果哭了出來，就會看不清眼前的任務。即使我很清楚，這麼做對毛孩最好，但看到飼主如此痛苦，內心還是相當難過。

對某些人來說，讓寵物安樂死可能太難接受，或是與信仰相違背。很重要的一點是，他們必須了解，這沒有所謂對錯，而獸醫不會去做任何評判，安寧照護和舒緩藥物也是讓寵物度過餘生的選項。

我拿起電話，想打給瓦達莫瓦夫婦，這才意識到時間太早了。當我的團隊來上班時，我告知他們前一晚發生的事。潔姬抹去一滴淚水；卡西迪說她要去一下廁所，每次她想自己哭一場時，都會這麼做。潔姬問我需不需要一個擁抱，我點點頭，我們流著淚相擁片刻。

到了九點，我撥電話給瓦達莫瓦夫婦，即使他們度過了難熬的一晚，這個時間通話也算恰當。鈴聲響個不停，最終進入了語音信箱，我留下訊息，表達最深切的慰問，告訴他們可以找我們聊聊。我放下電話，心裡感到很空虛。

到了下班時間，我們還是沒有瓦達莫瓦夫婦的回音。哀悼的過程需要時間，我再清楚不過。我們會寄一張慰問卡給這一家人，有需要的話，我們隨時都在。

星期五早上六點五十分，我掛好外套，前往工作站，準備迎接本週最後一天的艱難任務。我必須把注意力放在接下來要做的事情上，但卻忍不住去想瓦達莫瓦夫婦，不知道他們是否能夠撫平傷痛。

蒂亞拉跑過來，打斷我的思緒。「醫師不好意思，妳有訪客。」她說。

「訪客?誰呀?」有人直接來找我很稀奇，尤其是這麼一大早。

「是瓦達莫瓦先生。」這位櫃檯小姑娘的眼睛睜得老大。「他說他需要跟妳在檢查室私下談話，他看起來很嚴肅。」

嗯……真奇怪。我希望他別又發脾氣。如果是瓦達莫瓦太太想要談談，我可以理解，但如果是她丈夫，我就猜不透了。

「好，請他到二號檢查室，我馬上過去。」我穿上白袍，整理思緒。

當我進入檢查室時，看見瓦達莫瓦先生抬頭挺胸地站著，手裡拿著帽子。

「嗨！莎夏的事我很遺憾。」我開口道。「牠是一隻好狗兒，你們都盡力了。」

我在說話的同時，心裡還是很好奇他怎麼會來，而且這麼早。

「謝謝。」他說。「我得來拿莎夏的骨灰，而且我想跟妳談談。」

我用力地吞了一口口水。要談什麼？幾個星期前，他表明不想談。「很高興你能過來，我想再一次表達我的遺憾，真希望牠能有更多時間。」

「我和我太太很感激妳的幫忙，真的。我想讓妳知道，如果妳有任何需要，都可以打給我。」瓦達莫瓦先生表示。

「謝謝。」

「不，真的，有任何需要就打給我。」

「好的，謝謝。」

「醫師，這樣說好了。有任何需要都可以打給我。妳需要協助，打給我；有人找妳麻煩，打給我。懂嗎？」

他加重語氣說這些話，然後意有所指地眨了眨眼。

我的媽呀！現在我明白了。我膝蓋發軟，想著自己有多麼天真，還立下預約和準時抵達的規矩。就算我熬過血栓的難關，卻可能因為在醫病關係中太過強勢而被做成「消波塊」！蒂亞拉去哪兒了？我搞不好會需要她。我的思緒奔馳，希望她有留意這間檢查室的動靜。

瓦達莫瓦先生往門外走，然後停下腳步，轉身，拍拍我的肩膀。

他離開後，我跌坐在椅子上，打給丈夫。

「嗨，親愛的。你聽我說過瓦達莫瓦先生的事吧？你絕對猜不到他是做什麼的。」我接著告訴麥克來龍去脈，並特別強調瓦達莫瓦先生給我的「謝禮」。

「還有，親愛的。」我說。「因為這個新朋友的關係，從現在開始，你要是對我說話不客氣，最好三思而後行！」

法蘭妮和樂奇

Franny and Lucky

拯救人類的好夥伴，
尋血獵犬與混種犬

狗兒的絕佳優勢，也就是活在當下，沒有遺憾、沒有假設性問題。飼主擔心個沒完沒了，愛犬卻一派輕鬆。「擔心」不會改變任何結果，只會讓人疲憊不堪。

秋天來了，這是我最愛的季節。我在中西部的童年充滿著黃色、紅色和橘色的楓葉、蘋果酒廠，以及舒服的厚毛衣。在這樣的平日早晨，我渴望到外面，踩在樹葉上，聽著它們隨著腳步發出沙沙聲響，但我有例行公事要做，必須開車載兒子去上學。我不確定他是不是完全清醒，但今天他準時到校，算是成功完成任務。

他下車後，我正要開出學校的車道時，手機響了，車上的螢幕顯示是彼得。好極了！我還在暗自慶幸很順利把他送進校門。我的腦袋飛快運轉，他又忘了什麼？他應該要更有條理的！我沒有時間趕回家幫他拿東西，但我知道我還是會做。我把想罵人的想法留在心裡。

「嘿，親愛的，什麼事？」我接起電話問道。

「呃，妳能……妳能回來一下嗎？」彼得結結巴巴地說。

「怎麼了嗎？」我回答，快速地瞥了一眼後座，看看是不是有東西留在那裡。不是第一次這樣了。

「這個嘛，我們需要妳幫忙。我和柯林（Colin）發現了一隻小貓，牠好像受傷了。拜託妳，媽？」

「沒問題，我開回去。」我說，然後違規迴轉。

我回到學校，停好休旅車。我看見一群學生圍成一圈，直覺告訴我往那裡走。我走近時，孩子們讓出一條路給我過，圓圈的中心有一隻狼狽的灰貓，顯然已經在街頭流浪了好一陣子。

「這隻貓就躺在這裡喵喵叫。」彼得告訴我。「我不確定牠能不能走路。」

我蹲下來，謹慎地接近牠。受傷的動物可能難以捉摸，即使是最溫馴的動物，在不舒服的時候，都有可能做出猛烈的攻擊。我輕柔、緩慢地伸出手，這隻小貓讓我摸牠的頭，我搔搔牠的右耳後方，牠往我靠過來（此時我認為牠是一隻母貓），這表示牠喜歡我正在做的事。我開始小心翼翼地檢查這隻流浪貓，牠的毛髮亂蓬蓬的，全都糾結在一起，而且還瘦得皮包骨。但最大的問題是，牠的左後腿軟弱無力，當我觸碰到這個地方時，牠的身體變得緊繃，但還是很乖、很信任我，沒有要咬人的意思。

「好了，孩子們，我想牠的腿骨折了，好好照顧應該就能痊癒。」我告知這群青少年。「牠真的很乖。」

學校的鐘聲突然響起，把每個人都嚇了一跳。學生們紛紛回去教室，只有彼得留了下來。

「去上課吧，親愛的，不會有事。」我跟兒子說。

「不，妳需要有人幫忙把貓移到車上，第一節課遲到幾分鐘，沒什麼大不了，反正也不是第一次了。」他扮了個鬼臉。「我不想留妳一個人。」他承認。

我給他一個「真是拿你沒辦法」的表情，但在心底深處，我知道我兒子很善良。彼得跑進學校拿了一個箱子出來，我輕輕地把貓抱起來，放在紙箱裡，牠沒有掙扎，但專注地看著我們。彼得拿起箱子，和我一起走向車子。他打了個噴嚏，可憐的孩子，他對貓過敏。我打開副駕駛座的門，他把我們的新朋友放在前座，通常我不會讓寵物待在前座，但我想把一隻手放在箱子上，注意牠的狀況。

「嘿，彼得，謝謝你，你今天做了一件好事。」我溫柔地說。

「不客氣，媽，沒問題。」他對我笑了笑，又打了一個噴嚏，然後跑回學校。

開車去上班的路上很順暢，我打電話到醫院，告訴團隊我為什麼會遲到，以及我要帶一名新病患過去，也提議要請他們吃午餐，因為我知道這會增加他們的工作量。兩名技師在側門迎接我，接過箱子，輕柔地對著裡面的小東西低語。

「小心點，牠是流浪貓。」我指示，但他們很清楚該怎麼處理。「我需要替牠做完整的身體檢查，但先等我看完今天第一個診，我不想讓預約的病患等。在我看診的時候，你們先幫牠驗血，沒有異狀的話，給牠一點鎮靜（止痛）藥物，照後腿的X光。以防萬一，為牠戴上嘴套。還有，別忘了挑吃午餐的地方。」

貓咪的血液報告完全正常，沒有腎臟問題，沒有傳染病，像是貓白血病病毒（Feline Leukemia Virus）或貓免疫不全病毒（Feline Immunodeficiency Virus），這是好消息。後腿X光片顯示，牠有非粉碎性的單純骨折，也就是說，牠的脛骨骨折傷口非常乾淨，僅需支持性照護即可痊癒。

「我會請骨科醫師看牠的X光片，確認我的診斷，接著就可以幫牠用夾板固定。牠很幸運，不必動手術。」我告訴我的團隊。「但你們帶牠過去之前，趁鎮靜劑的藥效還沒有退，請先仔細地幫牠洗澡、剪指甲和清理耳朵，牠看起來流落街頭好一段時間了。之後，我們再插靜脈導管，補充液體和營養。謝謝。」

兩名技師帶牠到沐浴臺，卡西迪和我則為病患做化療，診間正在播著《紅粉佳人》(*Pretty in Pink*)的電影原聲帶。二十分鐘後，我過去看看兩人小組的狀況，想說洗個澡為什麼會耗這麼久。我一走近，就發現這隻貓完全改頭換面了。

「看來我錯了，牠根本不是灰貓。」我驚訝地說。「真不敢相信，誰知道牠其實是白貓！」

「是啊，我們一直洗，牠的顏色就越來越白。還有，呃，沒有冒犯的意思，但另一件事妳也搞錯了，牠是公貓！」我們都笑了出來，我慢慢地搖搖頭，然後離開。

我們取名為「蘇丹（Sultan）」的小貓，補充了幾天的水分和營養後，應該要過著幸福、健康的生活，但牠不能在這裡久住，我們是治療病患的醫院，而蘇丹只是需要吃好睡好，以及溫柔的呵護。

「我們不想把蘇丹送去動物收容所。」我的總技師這樣跟我說，其他兩名技師也跟她站在同一陣線。我停下打字的動作，抬頭看著他們。

「我也不想。別擔心，我有個計畫。」我向團隊保證。我的視線重新回到電腦上，但沒有繼續寫病歷，而是搜尋一名舊客戶的電話號碼。我知道對方搬家了，希望電話號碼沒變，我撥號，祈禱他們已經準備好迎接新成員。

「喂？」

「嗨，羅賓森（Robinson）太太，好久沒聯絡了。希望妳跟家人都好。」我回答。

「我們都很好，醫師。聽到妳的聲音真開心！我們好感激妳為克萊曼婷（Clementine）做的一切。每一年感恩節，妳都在我們的感恩名單上，怎麼謝謝妳都不夠。」

「妳太客氣了。真希望克萊曼婷能有更多時間。」我表示。

「噢，別這麼說，牠是一隻暴躁的十七歲橘色虎斑貓，過了很長壽的一生。」

「我喜歡暴躁的貓。總之，我跟妳聯絡的原因是，我們最近發現了一隻很棒的流浪貓，我在想，不知道妳有沒有興趣領養？在幫牠找新家時，我第一個就想到妳。」

接著，我告訴羅賓森太太蘇丹的狀況，以及牠需要的照護，這引起她的興趣，我們約了一個時間看貓。我掛上電話，很確定她會帶牠回家，蘇丹會有一個愛牠的好家庭。

工作在呼喚我，我拿起下一份病歷翻閱，準備看下一個診。

法蘭妮（Franny）是一隻八歲、已結紮的母尋血獵犬（Bloodhound），牠的病史包括萊姆病和良性脂肪瘤，之前開刀切除胃部腫塊，今天要來諮詢。

「早安，尼爾森（Nelson）先生……不，尼爾森警官。」我看到對方穿著深藍色制服，立即改口。從法蘭妮的胸帶看起來，牠隸屬警方，直挺挺地坐在搭檔旁邊，嘴邊掛著一串長長的口水。

我了解了法蘭妮的背景，知道牠是一隻搜救犬，牠和尼爾森警官在整個州協助尋找失蹤人口和逃犯。法蘭妮的工作表現極為出色，找到了很多不知去向的人，已經小有名氣，還有自己的臉書粉絲頁。

提供法蘭妮照護是有急迫性的，不只是因為警察學院投注了很多資源在這隻獵犬身上，牠在幼犬時就開始進行廣泛的訓練。尼爾森警官也如常見的情況一樣，領養了他的夥伴，讓法蘭妮成為家中的一份子，沒有任務要執行的時候，法蘭妮和尼爾森一家生活在一起，享受家庭的溫暖。

我曾諮詢和照顧過其他工作犬，也有治療過許多得了癌症的導盲犬，牠們即使生病，還是積極地引導視障的主人。以導盲犬來說，腫瘤專科獸醫必須在延長生命和控制副作用之間取得平衡，訓練一隻穩定的導盲犬需要好多年的時間，牠真的得保持良好的狀態，才能幫助視障人士遠離危險。我也治療過搜爆犬和緝毒犬，牠們曾經在候診室製造出奇聞：有一天，勒羅伊（Leroy）警官和牠的德國牧羊犬過來回診，剛好也有另一位飼主在場，我們懷疑他吸毒；這位飼主一看見警犬隊，就跑進空的檢查室，甩上門，試圖躲起來！

整體來說，法蘭妮算是一隻健康的狗兒，牠得過萊姆病不令人意外，畢竟牠的工作需要在樹林和田野間穿梭，追蹤氣味；牠服用了一個月的去氧羥四環素（doxycycline），這是治療這種蜱蟲疾病的首選抗生素。不過，前陣子法蘭妮的體重一直在減輕，牠先是吃不完所有的食物；再來，開始嘔吐。於是尼爾森警官帶法蘭妮去看內科，透過超音波，內科醫師在牠胃部的幽門發現了一個腫塊，大到無法用內視鏡切除，因此尼爾森警官和他的同事們選擇讓法蘭妮動手術。在那之後過了三個星期，牠來到我面前。

「法蘭妮開完刀之後的狀況怎麼樣？」我詢問。

「牠好多了。胃口變好，但還沒有回到像以前那樣。」

「牠還有再嘔吐嗎？」

「沒有。我仍然依照外科醫師建議的方式，餵牠較軟的食物，而且少量多餐。」

說完，尼爾森警官拿了一張衛生紙，擦掉法蘭妮臉上的口水。顯然警官多年來不得不幫他的搭檔擦去許多口水，雖然這是例行公事，但他不只是「去做」，而是「非常用心地做」。「我什麼時候可以正常餵牠？牠可以工作了嗎？牠很愛工作。」

「已經過了三個星期，恢復正常進食沒問題。但在接下來一兩週，請記得要慢慢來，一下子太快，牠可能會腸胃不適。」

對方點點頭。

「至於工作，只要牠想做，就讓牠回到崗位上沒關係。」

他露出大大的笑容，開心地揉了揉法蘭妮的耳後和下巴。

法蘭妮的體型太大，上不了檢查檯，所以我再次像個體操選手一樣，來到地板上施展絕技。不過，牠非常高，我只需要彎下腰，就能用聽診器聽牠的心肺。我輕輕地觸摸牠的腹部，很軟、也不會痛，但牠這裡的切口還在癒合中，我必須特別小心。接下來，我托著法蘭妮的頭，直直地看著牠的臉，牠用被下垂眼皮蓋住的栗色眼珠回望我。我抬起牠的下巴，檢查牠的嘴，老天！這隻狗兒的口水還真多，我應該要戴上檢診手套的。最後，我必須檢查手術部位，由於在肚子上，我只好用四足跪姿上下觀看，切口是乾淨的，且乾燥、完整。我站起來，把洋裝

（不是爬到大型犬身底下的好選擇）和白袍拉好，然後清潔並擦乾雙手。

「法蘭妮胃部的這種癌症叫『肥大細胞瘤』（Mast Cell Tumor）。」我開口說。「這是狗最常見的皮膚腫瘤，通常不會在腸胃道看到，但有這個可能性；如果是貓得了，比較容易出現在這個部位。遺憾的是，這種狀況無法治癒。從切片報告來看，我們知道仍然有一些微小的癌細胞還留著。」

我對警官投以同情的眼神，告知殘酷的真相是獸醫工作最艱難的一部分。

「還有，很可惜地，牠的預後不是很樂觀。」

警官目不轉睛地盯著我說每一句話。

「可能只剩幾個月的時間，但我們可以試試化療。」我補充，盡可能帶來希望。「你有意願的話，今天就可以開始。不過，如果你需要考慮一下，也可以和長官談談再決定。」

「化療能有多少幫助？」

「問題就在這，可能會毫無幫助。我們有專門治療這種癌症的藥物，也知道劑量和副作用，但不能保證有多少療效。就算有效，大概也只能延緩幾個月。」

「我不希望治療讓牠變得難受。」

「我也不希望，牠的生活品質是最重要的。牠有些微的可能性會感到胃部不適，值得慶幸的是，大多數的狗兒不會因為治療而產生不良影響。這種疾病的化療可以使用藥丸或靜脈注射。」

我查看了各種化療方案、給藥時間表和費用，身為一隻服務犬，法蘭妮做化療有折扣。我給警官一張衛教單，上面列出了更多細節，第一次聽到這些選項可能會難以消化，這張單子能讓尼爾森警官比較容易將資訊分享給長官和家人。

聽完我說了這麼一大串之後，他問：「牠能保持嗅覺嗎？我聽說化療會改變人的嗅覺。牠是一隻工作犬，嗅覺必須要很靈敏。如果牠不能進行搜救任務，我的隊長不會願意砸錢的。」

「我不知道。」我說，試著保持完全透明的態度。「很抱歉，目前沒有方法可以評估狗兒做完化療後，嗅覺會不會產生變化。但我能告訴你，我從來沒有遇過飼主投訴狗兒有任何嗅覺上的問題。我也治療過其他警犬，牠們重返工作崗位後，沒有失手的狀況。」

我等他權衡利弊得失。

「那要怎麼知道?」他問，似乎只是把腦中的想法說出來。「大概只能看著辦了。」他的聲音越來越小。

尼爾森警官和我握手，感謝我抽出時間。他打算帶法蘭妮回到警察總局，向長官說明這件事，然後再與妻子討論。他答應我，做出決定後會打電話告訴我。

三天後，對講機傳來：「五線，尼爾森警官和法蘭妮。」

我拿起話筒說：「哈囉，法蘭妮還好嗎?」

「牠很好，謝謝。」尼爾森警官表示。「但我還有一些問題要問。」

「好的，請說。」

「我一直在研究那張衛教單，妳認為哪一個療程是最好的?」

「其實沒有哪一個比較好。差別只在於，你想要每天給牠一顆藥丸，然後一個月帶牠來回診一次，還是一個星期來做一次靜脈注射，連續好幾個星期。我們不知道化療產生效果的機率有多高，牠的癌症可能對所有療程或僅對部分療程有反應，也可能都毫無反應，只能反覆嘗試了。我知道這種不確定性很難讓人做決定，但沒有所謂的正確答案。治療的目標是減緩肥大細胞瘤生長，同時讓牠好好地度過幾個月。」

「但妳認為哪一個最好？」

「沒有哪一個比較好，這裡不會有錯誤的選項。在某個程度上，藥丸對牠來說會是最容易的，因為不必一直來醫院；如果藥丸沒效，還是可以換成靜脈注射。」

話筒的另一端陷入沉默。

「好的，謝謝，我再考慮看看。」尼爾森警官說，然後掛上電話。

隔天，我再度接到這位警官的電話。

「你決定要怎麼做了嗎？」我問。

「我還有幾個問題想問。妳認為哪個療程最適合法蘭妮？我們要怎麼知道有沒有效？」

我坐下來，深吸了一口氣，知道這樣的討論對任何飼主來說都很艱難。

「我們無法知道哪一個是最適合的。」我表示。「可能都有效，也可能都沒效，記得嗎？唯一能夠知道的方法，就是觀察腫塊有沒有再長，如果重新長出來，那就是沒效。最重要的是要記住，這種癌症無法治好。」

我不想要這麼直言不諱，但顯然我們一直在鬼打牆。

「那牠的嗅覺呢？我的長官說，牠必須要能夠工作，要能夠工作就必須要有正常的嗅覺。」

「我了解，但這是另一個未知數。牠的嗅覺可能會改變，但狗的鼻子裡有三億個嗅覺受器，相比之下，人類只有六百萬個。所以即使法蘭妮損失了一些，牠還是有機會保持追蹤氣味的能力，我治療過的其他警犬沒有出現嗅覺上的問題。但同樣的，沒人說得準。」

「對，可是牠得在田野中追蹤氣味，有時甚至必須穿越沼澤和樹林。這不是簡單的工作，而且很耗費體力。牠有辦法勝任嗎？」

「大部分的狗兒都可以正常進行日常活動，我有一些做化療的狗病患還能參加敏捷或服從比賽，更有一些導盲犬依然能夠引導主人。」

「謝謝，我會和長官說，但我還不確定要怎麼做。」

尼爾森警官掛上電話，我伸手去拿一疊病歷，準備看週末前的下午診。

「嘿，醫師。」蒂亞拉走到腫瘤科治療區找我。「呃，有一家人剛剛帶著狗走進來，想看妳的診，但他們沒有預約。」

「那就請妳幫他們預約一個時間，看看下一個空檔是什麼時候，然後跟他們固定看的獸醫要資料。」

「我做了，我的意思是，我試了。我跟對方說，妳下星期才有空檔，他們就哭了出來。」她的臉上露出為難的表情。

「這樣啊。」我吐出一口氣，考慮了一下情況。「如果妳能盡快拿到資料，而這一家人也不介意等，那我可以試著把他們安插進來。」

於是，蒂亞拉走回櫃檯。十分鐘後，她帶來樂奇．史都華（Lucky Stewart）的資料，牠是一隻七歲的混種犬。樂奇已經做過完整的檢查，包括血液、胸部X光、腹部超音波和臀腿部腫塊的切片。看完這些報告後，我打到櫃檯，請蒂亞拉帶這一家人到我的檢查室。

我輕輕地敲了一下門，進入檢查室，看見一家五口加上一隻毛孩。我有點吃驚，沒想到會是這麼一大群人，我都快進不去了。我感覺到他們的目光都集中在我身上。

樂奇是一隻毛茸茸的米色中型犬，牠坐在飼主的腿上，氣喘吁吁。牠讓我想起電影裡的小狗班吉（Benji）。

「讓你們久等了，我是……」

「妳一定要救救牠！」史都華太太打斷我。「牠是我們的一切！」她的丈夫把一隻手放在她的肩膀上。「牠真的是我們的一切。」她又說了一遍，這次比較冷靜了。

我露出溫暖的笑容。「是的，我們四條腿的成員是家裡很重要的一份子，我了解。首先，我要做的是……」我再次被打斷。

「不，醫師，妳不了解。樂奇救了我們的命。」

我環顧四周，所有眼睛都還是緊盯著我。每一個家庭成員都在點頭，彷彿隨著我聽不見的音樂打拍子。我停下來，等著看是否還有更多細節會出現。

史都華太太顫抖著手，在包包裡翻找，她拿出一張皺巴巴的剪報，然後用顫抖不已的手遞給我。我有點遲疑，因為上面黏著一塊奶油糖，但我不想無禮。說真的，乳膠手套在我需要的時候跑哪去了？我低頭看著那張剪報：

狗在惡火中拯救全家性命

我的眼神再次回到這一家五口，看見他們淚流滿面。史都華先生無聲地哭泣，肩膀不斷起伏；史都華太太稍微比較鎮靜。

「牠救了我們。當時我們都在睡覺，不知道房子著火了。我……我甚至不知道為什麼我們沒聽見煙霧探測器的聲音。」她低頭望著地板，然後用充滿悲傷的藍色眼睛看向我。「牠把我們叫醒，樂奇把我們叫醒。」接著，她拭去眼角的淚水，擤了擤鼻子，我拿給她另一張衛生紙。「所以，牠救了我們。現在我們必須救牠。」她摸摸愛犬的頭。

我退後一步，現在我明白了。我向這一家人解釋狗兒的癌症「肛門腺癌」（Anal Gland Carcinoma），以及治療方案，他們異口同聲選擇治療。不過，由於樂奇才剛開完刀，所以必須再等一個星期才能痊癒。我向史都華一家保證，樂奇先痊癒再開始治療會更有利。他們步出我的檢查室，比來的時候輕鬆了一些。

星期一早上，我來到辦公室，看見電腦螢幕上貼了一張手寫的電話留言字條：「尼爾森警官還有一些問題想問。」

現在是七點，回電給他太早了，這是一件好事，我得完全清醒才能好好地再次回答一樣的問題。

我順利地看完早上的診，回到座位時，發現累積了一大堆電話留言。既然到了午休時間，我便坐下來回覆這些電話。我先打給一位小姐，她想複製她的貓（我不做這件事），再來是一位先生，他希望了解某個在網路上找到的「藥」。接著，我撥給尼爾森警官。

「你好。不好意思，我沒接到你的電話。」我開口。「你說還有些問題想問？」

「我們決定治療。」他告知。「我們想做靜脈注射，可以嗎？」

「當然。你能做出決定，真是太好了！我幫你轉給櫃檯人員預約時間。」

「可以今天就開始嗎？牠開完刀已經過了好幾週，我不希望腫瘤又長出來。」

「沒問題，我們可以幫牠安排。」我說，接著我把電話轉給前臺人員。由於我的診都滿了，蒂亞拉只好把牠排在最「尾巴」的時段。（這是獸醫的小幽默。）

到了傍晚五點，尼爾森警官帶著法蘭妮來了，牠的鼻子在地上滑來滑去，一路嗅著，在身後留下一道口水，勾勒出牠走過的路線。這位穿著藍色制服的男人將狗繩交給腫瘤科技師時，顯然為他的搭檔感到緊張。法蘭妮落在技師身後，一邊聞著新的氣味，一邊往後面的治療室走。

我伸手去拿放餅乾的罐子，法蘭妮馬上變得全神貫注，「這個」牠很容易聞到。

一個泡泡開始出現在牠長長的右下巴，然後幾滴唾液滴落在地板上。狗狗，拜託別甩頭，不然所有口水都會飛得到處都是。我趕快給牠一個點心，讓牠沒時間甩頭。

卡西迪帶牠走上磅秤，顯示七十四磅（約三十三公斤）。法蘭妮在獵犬中算是瘦的，但這是因為癌症的關係，在理想情況下，牠會對化療產生良好反應，並增加幾磅的體重。

我計算完劑量後，潔姬便去準備藥物，其他兩名技師讓法蘭妮側躺，稱讚牠是乖狗兒。這隻尋血獵犬只需要保持靜止約五十秒，但我們看得出來，牠喜歡這種關注，很樂意在治療檯上躺更久。技師選了一條法蘭妮左後腿的血管，她在狗兒的淡紅色短毛上塗抹酒精，然後插入蝴蝶導管。法蘭妮沒有動，牠的血管很大條，很好插入，接著技師將化療藥物注入導管，導管再將藥物帶入靜脈。

結束後，法蘭妮站起來，使勁抖動身體，把口水甩得到處都是。卡西迪伸手去拿紙巾，假裝作嘔。法蘭妮頭也不回地跟著潔姬走出去，尼爾森警官很高興他的搭檔回到身邊。

七天後，這對警犬搭檔過來回診。只要一切順利，我們就會每週見到他們，連續做四次化療，接著改為兩週回診，再做四次，之後是三週一次。尼爾森警官帶著笑容走進候診室，到前臺報到。

「法蘭妮這星期的狀況怎麼樣？」我問道。

「牠很好。」他回答，再次擦拭法蘭妮的臉。「根本看不出來做過化療。一開始，我還很猶豫要不要讓牠工作，但看來沒什麼問題。」

這是好消息。我帶法蘭妮到後面的治療區，但牠引導我繞過轉角，直直走向餅乾罐。沒錯，牠的嗅覺和記憶力都沒什麼問題，而且牠高到可以把頭靠在檯子上，痴痴地望著罐子。

「法蘭妮，過來。」技師說，哄著狗兒站到磅秤上。法蘭妮在檯子上留下一小灘口水。量好體重後，牠乖乖坐著讓我們抽血，技師給牠幾塊餅乾作為獎賞，反而讓牠流了更多口水。等待血液樣本分析的同時，我進行了身體檢查。一切看起來都很好，而且法蘭妮增加了二磅（約一公斤），牠不放過任何食物的氣味，會變胖也不奇怪。做完第二次治療後，這隻尋血獵犬從容地跟著技師走回候診室，這對人犬搭檔重聚後便離開，返回分局。

法蘭妮來做第四次治療時，尼爾森警官告訴我們，每次來醫院的途中，距離我們的停車場幾個路口前，在後座的法蘭妮就會開始興奮地嗚嗚叫，好像牠有內建的GPS一樣。

今天和其他回診的日子沒兩樣，法蘭妮拉著卡西迪到後面，直直往餅乾罐走去。不過，這次我們要做腹部超音波，好好地檢查牠的胃部，確認腫瘤沒有再長出來。我們出動三個人，才把狗兒抬到檢查檯上。法蘭妮增加了一些重量，現在來到九十四磅（約四十二公斤），比最初做化療時多了二十磅（約九公斤）。內科醫師在牠的腹部塗上凝膠，放上冰冷的探頭，花了幾分鐘查看和搜尋，一點問題都沒有。幸好，法蘭妮身上沒有癌症復發的跡象。我們把牠抬下來，牠和我以及技師們回到腫瘤區，開始進行抽血、體檢和化療。還有餅乾！法蘭妮絕對不會讓我們忘記給牠餅乾。

我前往候診室，通知尼爾森警官這個好消息。「猜猜誰的體重又增加了？別說是我！」我眨了眨眼。他如果猜是我，我真的會哭出來。

「噢，不，牠胖了多少？」

「跟剛開始做化療時相比，重了二十磅！看來牠正在彌補失去的時間。但最棒的消息是，牠的超音波完全正常，沒有癌症復發的跡象。」

他笑得合不攏嘴，臉頰變得通紅，眼睛也有點濕濕的。

「法蘭妮的治療，之後可以延長到兩星期一次。」我補充。

我下午請了假，到城裡做一連串自己的檢查。這是例行公事，但有嚴肅的目的——確保「那個病」沒有復發。

麥克來醫院接我，載我過去，我很難搞，但他還是堅持送我一趟。也就是說，我不像法蘭妮那樣，期待到興奮喘氣。事實上，我非常緊張——好吧，暴躁——每次要做一堆檢查都是如此，但難道有人喜歡身體被戳來戳去嗎？

我的血管不像法蘭妮一樣凸起，所以我擔心不太容易找。我接著擔心，即使順利找到血管，搞不好靜脈導管裡的電腦斷層顯影劑又會引起血栓。

不過，我最擔心的是檢查結果，腦袋再度充斥著各種假設性問題。法蘭妮擁有狗兒的絕佳優勢，也就是活在當下，沒有遺憾、沒有假設性問題。尼爾森警官擔心個沒完沒了，愛犬卻一派輕鬆。「擔心」不會改變任何結果，只會讓人疲憊不堪，這個「人」可以換成「抗癌鬥士」。

讓我感到安慰的是，我知道癌症治療中心的人員都是一流的，在我今天回家之前，他們就會給我所有的檢查結果，所以至少那些假設性問題不會困擾我整個星期。即便如此，這些檢查要耗好幾個小時。抽完血後，護理師要我喝下顯影劑，這種黏黏的液體有各種口味，掩蓋它難以下嚥的事實，我有一個小時的時間可以喝完，但身為A型人的我，十五分鐘就解決了。他們也給我注射靜脈顯影劑，但至少這不用讓我的味蕾受苦。

前置作業完成後，我做了三個電腦斷層掃描，接著換回自己的衣服，跟治療團隊裡兩個不同的醫師會面。真是漫長的一天，但謝天謝地，結果是好消息，一切平安無事，「那個病」沒有復發的跡象。

我滿懷感恩、寬慰和樂觀地離開診間，這麼多個月來，我第一次允許自己想像兒子長大成人並成家，我也許會成為奶奶，和麥克一起度過「黃金歲月」。但老天爺就是愛開人玩笑……

我們走出癌症中心時，麥克走在我前面，快步前往停車場，堪薩斯州已經成為遙遠的記憶，他不再不敢過曼哈頓的馬路。一整天下來已經筋疲力盡的我，落在了他後面，但丈夫急著要在別人開始排隊之前付停車費，趕快開車離開，避開曼哈頓最容易塞車的交通尖峰時刻。

和昨天相比，我現在覺得擁有了世界上所有的時間，我不懂為什麼要這麼匆忙，無論是此刻還是一小時後離開，肯定都會塞車。

為了努力跟上麥克，我步下人行道，走不到三步，突然間——砰！我往後踉蹌了幾步，皮包都掉了——一名泊車員朝我的方向倒車。我受了驚嚇，萬幸沒有受傷，但老天，我氣瘋了！七竅生煙地撿起皮包，狠狠地砸向那部車。該死的，就算我經歷了手術、放療、化療和「那個病」活了下來，也可能被這個開車不看路的蠢貨幹掉。我要他降下副駕駛座的車窗，好讓我大聲又強硬地告訴他，我對他開車的技術有什麼看法。麥克驚恐地看著眼前發生的事，然後躲進停車場，彷彿在說：「什麼？我不認識那個瘋婆子。」

這位駕駛承認，他倒車時沒有注意四周。我向他放狠話，如果他把我撞死，我做鬼也會（這裡可放入任何髒話）永遠纏著他。他的眼睛睜得老大，我想他當下正在祈禱。

最後，我繼續走我的路，安然無恙地上了車。

被撞是一瞬間發生的事，無法預料也不可控制，但這是可貴的教訓。你擔心「那個病」和各種檢查，擔心得要命，結果卻可能在回家的路上被車子輾過去。事實是，如果你活在當下，不後悔過去或擔心未來，你還是可能身患重病，但比較不會讓糟糕的駕駛撞倒。

在得「那個病」之前，我總是認為自己可以掌控生活的一切，但它幫助我了解到，大事或甚至中等程度的事，從來不在掌控之中。我閉上眼，一滴淚珠滑落臉龐，心中充滿感激，感激檢查結果沒事，感激還活著，也感激沒有像之前那隻灰白貓蘇丹一樣斷腿送醫。想著想著沒過多久，我就點著頭睡著了。

經過了兩個星期，我的健康狀況良好，一樣活力充沛，心情也從停車場的「瀕死」經驗中恢復了過來。

尼爾森警官帶法蘭妮來做下一次化療。當狗兒繞過轉角，來到我們的腫瘤治療區時，我注意到牠發福了，跟一開始相比胖了不少。牠踩上磅秤，體重剛好是一百磅（約四十五公斤）！我的團隊播了「海軍准將合唱團」（Commodores）的〈她是磚屋〉（“She's a Brick House”），並把音量調大。抽血、體檢和靜脈注射完成後，我帶法蘭妮回到候診室，向尼爾森警官說明狀況。

「真不敢相信，牠又變胖了。」他說，接過狗兒的牽繩。「但局裡每個人都一直給牠點心吃。」

「沒關係。總比變瘦好，對吧？我們有一隻癌末的狗做了化療後，胖了二十六磅（約十一公斤），但誰會計較呢？這是好現象。」

他疼愛地低頭看著狗搭檔，然後說：「差點忘了。妳有看到新聞嗎？我帶了這個過來。」他遞給我一篇從報紙上剪下來的文章。

警犬協助調查肇事逃逸兇手

一隻警犬協助當局確認了肇事逃逸駕駛的身分，該名駕駛撞死了一名等公車的女子。由於尋血獵犬擁有出色的追蹤能力，因此該郡警方特別找來法蘭妮。執法單位認為是法蘭妮接手了調查，並帶領他們找到嫌犯。局長表示，法蘭妮能夠追蹤駕駛如何從犯罪現場移動到其他地方，進一步使用交通工具逃離……。

我伸手摸摸狗兒。「幹得好，法蘭妮！妳太棒了，真是個英雄！」我很高興化療沒有妨礙這隻尋血獵犬打擊犯罪。如果停車場那個傢伙真的把我輾過去，然後逃走，也許法蘭妮會去追蹤他。

每一年，我們這一州都會舉辦「年度動物表彰大會」，任何人都可以填寫申請書，並寫一篇文章，說明為什麼認為某隻寵物配得上這個榮譽。獎項依據動物類別頒發：狗、貓、馬、口袋寵物等等。

好幾個月過去了，法蘭妮戰勝了癌症，我認為牠持續在社區服務，應該有資格獲獎，但首先，我必須徵得警察飼主的同意。當尼爾森警官帶法蘭妮過來回診時，我跟他提了這件事，他說為法蘭妮感到榮幸，自己也非常感激。

我們治療這隻狗兒已經八個月了，今天在接受化療前，牠要再次做超音波檢查。我屏息等待結果，就算法蘭妮的癌症復發，我還是會提名牠，只是感覺會很複雜。我的團隊從內科那邊回來，法蘭妮跟在後面，牠的鼻子一如既往地幾乎貼著地面。超音波報告顯示一切良好，這隻警犬如常接受化療，並得到更多餅乾。接著，牠會繼續進行搜救任務，直到下一次回診。

「嘿，醫師，妳看過這個嗎？」卡西迪把她的手機遞給我。雖然我們已經兩個星期沒見到法蘭妮，但技師追蹤了這隻警犬的臉書粉絲頁。一個孩子走失，親友和當地警方遍尋不著，法蘭妮和尼爾森警官出手相救。法蘭妮再次成了英雄！

「太棒了！」我笑著說。「我應該打給警官。」於是，我撥了他的號碼。

「嗨，醫師，一切都好嗎？」警官說，他從手機上認出我們醫院的號碼。

「噢，我打來是要恭喜你和法蘭妮找到那個小女孩。這隻狗兒真是了不起！」

「是啊，牠的表現很好。他們沒有提到的是，牠追蹤那股氣味好幾個小時，非常累人。而且我們兩個還在樹林裡受傷，但法蘭妮堅持了下來。」

我可以聽出他語氣中的驕傲。他和法蘭妮是最佳拍檔，他們一起達到的成就，是只有一個人所做不到的。

「噢，還有，妳聽說了嗎？」他補充說，幾乎是突然想起來。「法蘭妮獲選為『年度最佳狗兒』！」

「太好了！沒有人告訴我，我以為主辦單位會通知提名的人。但我好開心牠獲獎！這完全是牠應得的。」

「他們想要拍照和拍影片。」尼爾森警官說。「跟妳一起，在醫院。」

我不喜歡站在鏡頭前，但這件事立意良善，可以讓大家知道，做化療的狗也能如此活躍。「沒問題，我很樂意配合，只要通知我日期就行。」

原來是表彰委員會計畫在每個獲獎者上臺領獎時播放影片。隔天，一名攝影師和一名採訪者出現在我的辦公室，非常引人注目。他們採訪我，並拍攝法蘭妮的影片以及腫瘤科團隊和這對人犬搭檔的合照。很明顯地，法蘭妮喜歡成為鎂光燈的焦點。尼爾森警官不厭其煩地擦去牠的口水。攝影組和警犬隊隨後開車到郊外，拍攝法蘭妮執行任務的英姿，牠要尋找尼爾森警官「失蹤」的懷孕妻子艾莉絲

（Alice）。還好，艾莉絲的情況只是演出來的，這個有趣的影片展現出法蘭妮的鼻子有多靈敏。

尼爾森警官持續每隔幾週帶法蘭妮來做化療，這隻英勇的警犬現在重達一百零五磅（約四十七公斤），但牠完全不在乎變胖這件事。我就不是這樣了，從一開始化療到現在，我增加了二十磅（約九公斤），人家都說是「化療胖」，平常我只要增加個幾磅就會很不開心，所以這個副作用無法讓我淡然處之。再說了，我不是吃胖的，如果是，至少中間的過程還能享受到一點樂趣。也許這是宇宙要開我玩笑，不管我抗拒多少食物的誘惑、走多少路，這些頑強的贅肉怎麼甩都甩不掉。

法蘭妮做化療滿一年時，我來到檢查室，在尼爾森警官身旁坐下來，聊了開心但嚴肅的話題。

「我們治療法蘭妮滿一年了。」我開口說。「牠的狀況好極了，已經戰勝病魔。」

「是呀，這都要謝謝妳。」
「我很高興牠恢復得這麼好。但在這個時間點，有些人會停止治療，我們可以繼續，但進一步的化療不一定會帶來好處。」
「這樣癌症不會很容易復發嗎？」
「我們處在一個未知領域——這是好事，因為代表牠的狀況比預期來得好。但我們一直都知道癌症會復發，只是早晚問題。牠一開始的預後只有幾個月，而現在已經一年了。」
我停頓了一下，知道接下來的用詞要很小心。
「繼續治療的缺點是，你們要花時間過來、警局要支付費用，還有最重要的是，牠的骨髓有耗損的風險。」
尼爾森警官以不解的神情看著我。
「骨髓是製造紅血球、白血球和血小板的地方。我們每次化療前都會抽血，確保數值沒問題，治療是安全的。但最終，藥物可能會對骨髓造成太大的壓力，並降低細胞數。這可能不會發生，但一旦發生，情況會很嚴重。」

警官坐著沉思了片刻。「錢不是問題，妳們好意給我們折扣，真的幫助很大，我的長官很感激。」

「牠這麼努力幫助大眾，和你一樣。我們才感激你們。」

警官別開眼，微微臉紅地說：「過來接受治療也不是問題，法蘭妮很愛那些點心，每次車子接近醫院，牠都特別興奮。再說，牠的抽血報告也從來沒有出現過異狀，對吧？」

我點點頭，等他做出決定。

「那就繼續吧。我了解這麼做的效果未知，但我想為搭檔盡一切努力。」

法蘭妮和尼爾森警官繼續一個月來做一次化療，我們定期為牠進行腹部超音波檢查，確保癌症沒有復發，幸好一直都沒事。

「嗨，醫師。」看見我經過候診室的警官說道。

我走過去打招呼。

「我有好消息。」他接著說。「艾莉絲生了！是個男孩！」

「太好了。」我說，並給他一個祝賀的擁抱。接著這位驕傲的父親給我看家裡新成員的照片，我讚賞了一番，然後說：「請幫我跟你太太說聲恭喜。」

「我還有別的消息。」他補充。「法蘭妮正式退休了！」

「什麼？！為什麼？」我驚訝不已。「發生了什麼事？我以為牠熱愛工作？」

「的確是，但最近負擔太沉重了，牠胖了很多，無法連續奔跑好幾個小時，也不便在樹林裡穿梭、在沼澤裡跳躍。不過一切都好，牠很快樂——肥胖但快樂！最棒的是，牠能夠跟我們還有新生兒一起生活。」

警官揉揉狗兒的臉。法蘭妮現在重達一百一十九磅（約五十三公斤），走路變得很費力，而且搖搖晃晃，很難想像牠繼續當個動作冒險明星，但現在牠將在一個非常溫馨的家庭中度過美好的退休生活。可以確定的是，尼爾森家永遠都不必擔心年幼的兒子會走失。

我定期收到尼爾森家的消息，很高興法蘭妮的平民生活一樣過得很精彩。牠在化療期間增加的體重一點也沒有減少，但牠一點也不在意，只要快樂就好。牠為每個人都上了一課，特別是我。

變胖之後，我一直都不快樂，即使醫療團隊告訴我，這不是因為自我放縱的關係，是治療的一種晚期副作用，叫做「淋巴水腫」（Lymphedema），因為積了過多的淋巴液，導致身體有一部分會腫脹。切除淋巴結、接受放射治療或動手術，都有可能發生水腫。我三個狀況都有，所以多了幾磅也不意外，這個診斷應該要讓我擺脫罪惡感；另一方面，這代表再多的運動和節食也無濟於事。

我手臂上因血栓和血管炎引起的淋巴水腫本來有些好轉，但現在似乎處於某種停滯狀態。更糟的是，我的腹部／骨盆和大腿也有淋巴水腫，嚴重到我必須買一個新的衣櫥。我盡量不照鏡子，因為現在看到身體只會讓我難過不已。水腫也考驗我的耐心，別人說，這種情形要花很長的時間才會改善，但如果不去嘗試，就不會有好的結果。我打算去看淋巴水腫專家，重新打起精神並想方設法來減少積液。但為了做到這一點，我必須保持積極的態度。

值得慶幸的是，我工作時沒有時間自怨自艾。當我在幫助動物病患時，牠們不會注意到我長什麼模樣，每當我和牠們在一起，都覺得自己很完整，一切都很好，而且牠們還會搖搖尾巴或獻上濕吻來謝謝我的幫忙。牠們不會認為我的價值和大腿粗細及裙子尺寸成反比，這是毛孩病患教導我的眾多道理之一。

紐頓三部曲

Newton

再見了，我的四條腿家人

要和心愛的同伴說再見從來都不容易。無論日子是好是壞，寵物都給我們無條件的愛、支持和陪伴。牠們與我們共度歡樂時光，當外面的世界變得殘酷時，牠們也依偎在我們身旁。

我的朋友吉姆（Jim）兩天前過世了，他跟我同年紀，早我五個月確診癌症，他沒有開刀或做放療，只接受了大量的化療，而且從未停止工作。他說，這麼做是為了家人，盡可能讓他們過得好，儘管這對他來說是個很大的負擔。吉姆有周邊神經病變的症狀，手腳處於麻木的狀態，我知道這讓身為一流網球教練的他苦不堪言。我開始接受治療後，就沒有再見過吉姆了，本來想去看他，也有主動提出，但那時他不想見人，「那個病」讓他變得極度衰弱。不過，我們在電話上深聊了幾次，對此我很感激，能夠和理解並同情你的處境的人互相取暖，總是令人感到安慰。

紐頓最近在家裡變得很安靜，要不是還有兒子練琴的聲音，連一根針掉在地上都聽得見。以前彼得彈鋼琴時，紐頓都會很興奮。牠會拿一根「尼龍骨」（Nylabone）來咬，或開始玩絨毛娃娃，雖然牠所謂的「玩」比較像是「支解」。但今天沒有，我們再也看不到地毯上布滿紐頓散落的白色棉絮。牠今天看著我做一些輕鬆的家事，不再跟前跟後，只用眼神追隨，牠寧願整天躺在自己的五張狗窩上，這些狗窩被策略性地擺在屋子裡的各個角落。值得慶幸的是，牠沒有感覺痛，只是什麼也不想做，但這也代表牠的生活沒有什麼有意義的品質。

彼得的琴聲停了下來，他發現到他的「大哥」不在現場。他跑去狗窩找紐頓，和牠躺在一起，撫摸牠的頭，紐頓輕輕地舔了一下彼得的臉，後者用手背擦去臉頰上的潮濕。雖然已經到了紐頓吃晚飯的時間，但我不想打擾這溫馨的一刻，我等到兒子從地板上站起來，才去拿紐頓的碗。

最近，紐頓平常吃的狗食已經吸引不了牠了，我出於直覺地伸手拿袋子，又把幾乎填滿的勺子放回去。紐頓喜歡罐頭狗食和狗糧混在一起，現在我還會加一點午餐肉，希望能引誘牠多吃一些，火雞肉的效果一直都很不錯，但今天我決定煮點特別的。也許我沒辦法控制紐頓吃多少，更沒辦法控制病程，不過我絕對能準備一些好料，讓愛犬在最後的日子裡享用。我烤了全雞，煎了一磅半的漢堡肉，小心地瀝乾所有的油，以免害牠拉肚子，接著煮了一大鍋白飯搭配蛋白質，我不去擔心碳水化合物的量，只希望愛犬吃點東西。我把雞肉從骨頭上取下來放入保鮮盒，另一個保鮮盒則裝滿了漢堡肉和白飯。

然後我打丈夫的手機。

「嗨，怎麼了？」聽得出來他工作很忙。

「你能外帶晚餐回來嗎？」

「可以，但雞肉怎麼了？妳不是要煮雞肉嗎？」

「雞肉烤了，但那是要給狗吃的。」我頓了一下，以為他會說些什麼，但沒有。

「漢堡肉也是，飯也是，全都放在冰箱裡要給牠吃。」我已經仔細在每個保鮮盒的標籤上用黑色簽字筆大大地寫下「給紐頓的！不准吃！」我聽到一聲嘆息，但我知道麥克明白，這為我帶來多大的快樂。

我們的拳師犬紐頓是最親愛的朋友，也是家中不可或缺的一份子，但「那個病」逐漸侵蝕牠的身體。我知道我們很快就得面對一個可怕的決定，我曾經幫助許多家庭面對相同決定。最難的部分是時機，這一切都取決於寵物的生活品質，牠還會吃東西嗎？牠想跟你待在一起嗎？牠會不會不舒服？沒有人想要延遲一天做出這個令人心痛的決定，因為沒有人希望四條腿的家庭成員受苦，但我們也不想提早一天失去心愛的寵物。這和人類醫學不同，親人什麼時候結束生命，不是我們可以決定的，至少在這個國家、這個年代不行。

我對抗「那個病」的座右銘是永不放棄，也永不屈服。沒錯，當我和丈夫鬥嘴時，我對他感到抱歉，因為我不一定會退縮，尤其如果我確信自己是對的。但就紐頓而言，對我們家來說，人道的做法是依據現實評估哪時敗給了病魔，並讓牠離開。我們現在讓牠做緩和療護，在不增加時間的情況下，幫助牠改善生活品質。對紐頓來說，這代表我們給牠類固醇藥丸強體松，緩解淋巴結腫脹；以前只能吃狗食，現在可以吃人類的食物；以前只能躺在自己的狗窩裡或鋪著地毯的地板上，現在可以跟我們一起窩在沙發上，我已經不在意牠的口水會不會弄髒家具。

三天過去了，我們照樣過著平常的日子。紐頓舒服地躺在我們臥室的狗窩裡；兒子在樓下為了鋼琴演奏會練習，是莫札特（Mozart）和蕭邦（Chopin）的輕音樂；麥克為了出差正在打包小行李箱，他要外宿幾個晚上，雖然會忙著研究一種新的眼科藥物，但得以暫時脫離家中的陰霾。不過，這種非常時期他不在，讓我很擔心。

「紐頓這個樣子，我真的很不想離開。」他告訴我。

「我知道。希望牠會沒事。」我走到紐頓的狗窩，讓牠感受到我的愛。接著，我轉過頭說：「我知道你不得不去，推不掉。」

「相信我，我試過了。但留妳在這裡照顧這樣的牠，讓我感覺很糟。妳覺得我回來時，牠還會好好的嗎？」他緊張地撥弄著袋子上的拉鍊。

「希望如此，也許會吧，牠這幾天還算穩定。」這是一件很奇怪的事情，之前我們也面臨過要不要讓寵物安樂死的決定，麥克都不在身邊，他協助做出決定。我們只希望愛犬好，但麥克無法在現場目睹生命的終結，有些人辦不到，沒關係，這是個人選擇，沒有錯誤的答案。

我們沉默了片刻，誰都不想開口，討論那個不得不討論的問題。

「不過，如果牠的狀況突然惡化，我們必須做出決定，但你不在，你可以接受嗎？」

來了！我打開天窗說亮話，但回應我的只有沉默。麥克在床邊坐下來，我過去坐在他旁邊，這是很沉重的一刻，我伸手握住丈夫的手。

過了一會，他說：「可以。我的意思是，如果有什麼萬一，也只能放手了。我不希望紐頓痛苦，我會很難受。但我應該陪在妳和彼得身邊，而不是讓妳們獨自面對。」

麥克看著我，紅了眼眶。我們坐在床上，擁抱對方好久好久。

幾天過去了，紐頓晚上都和我一起睡在我和麥可的床上。到了第三天早上，牠打呵欠時，我感覺到牠溫暖的氣息。牠抬起頭，看看四周，彷彿不敢相信早晨這麼快到來。這隻狗很喜歡人類床單和毯子帶來的舒適感，牠窩在麥克的枕頭上，口水直流，反正沒有什麼是洗不掉的。我們下樓開始新的一天。

夏天已經來臨，學校剛放暑假，早晨的步調慢了下來，沒那麼狂亂。穿著睡衣的兒子走下樓，打著呵欠進入廚房。

「嗨，紐頓。」他說，拍拍狗兒的頭。我給他一個微笑。
「餓嗎？要不要吃點什麼？」
「我以為冰箱裡所有的食物都是要給狗吃的。」他說，露出壞壞的笑容。
「哈哈，不好笑。紐頓有牠的，我們有我們的。你到底要不要？」
「先不用。」語畢，我兩條腿的兒子前往地下室，認真地玩起遊戲機。紐頓則留在廚房，躺在狗窩裡陪我。

我伸手去拿狗碗時，牠似乎沒注意到。今天早上顯然我得使出渾身解數，才能讓牠對早餐無法抗拒。最近牠喜歡牛絞肉勝過雞肉，所以我在牠的碗裡放了一些漢堡肉和飯，為了增添美味，我還加了一點昨天晚餐的肉汁，然後整碗放入微波爐。對寵物來說，尤其是食慾不佳的寵物，香噴噴的熱食總是比冷食更有吸引力，我必須說，味道聞起來還真不賴。我把碗放在平常的位置，紐頓抬起頭，然後又躺回去，唉！只能嘆氣了。

我用溫柔的語氣哄牠，說：「紐頓，過來，親愛的。你想要吃早餐嗎？」狗兒一動也不動。我把碗放在牠的面前。

「紐頓，吃早餐了。」我再次說。牠看著我，似乎了解我想要牠做什麼，就站起來了，伸伸懶腰，然後小心地吃了幾口。我敢說，牠肯吃只是為了取悅我、當我的乖狗狗，這招奏效了，我很欣賞牠願意嘗試。吃沒幾口，牠就飽了，我擦擦牠的臉，牠又躺了回去。

要和心愛的同伴說再見從來都不容易。無論日子是好是壞，寵物都給我們無條件的愛、支持和陪伴。牠們與我們共度歡樂時光，當外面的世界變得殘酷時，牠們也依偎在我們身旁。紐頓對我們一家三口來說，就是如此。但正如牠讓我們的生活變得更好一樣，我們也必須盡其所能，讓牠的生活變得更好，直到最後一刻。我想起自己在其他飼主的毛孩來到生命盡頭時，和他們討論的議題：

- 我的寵物正在承受疼痛嗎？獸醫開的止痛藥可以協助緩解。
- 我的寵物有在吃東西嗎？提供其他美味的食物或食慾促進劑可能會有所幫助。有需要的話，可以利用皮下輸液注射改善脫水情形。
- 我的寵物有活力嗎？嗜睡或比平時睡得更多是疾病正在造成傷害的跡象。

- 我的寵物舒服嗎？牠們是否有喜歡的柔軟被窩？室溫合適嗎？有時，獸醫開的消炎藥會有幫助。
- 我的寵物快樂嗎？牠還想跟我待在一起，還是獨自走掉？這也是疾病惡化的另一個跡象。

我試著不去多想，就算只有一下子也好。我清掃廚房的地板，把幾個散落的玻璃杯放進洗碗機；我上樓洗床單，然後把一套乾淨的放在床上。但我已經拖延夠久了，該幫親愛的狗兒做體檢。我走下樓，紐頓還待在原地，躺在狗窩裡睡覺。

我輕輕地把紐頓搖醒，讓牠站起來，然後給牠按摩身體，看得出來牠覺得很舒服。我深入觸摸牠的脖子，接著繼續進行身體檢查，牠乖乖地靜止不動。檢查了脖子下面、肩膀、腋下、腹股溝和後腿後方的淋巴結，全部都很大，摸到腹部時我注意到，牠的肝臟和脾臟也腫大了。

「彼得！」我從廚房往地下室樓梯大叫。

「幹嘛？」兒子喊道。

「你可以上來一下嗎？」他一定聽出了我聲音中的不對勁，通常他都會回答「好，媽」或「等一下」，直到我又叫他一次，甚至第三次。但這次，彼得馬上就上來了。他摟著我，我們擁抱，然後我們來到愛犬身邊，在地板上坐下，兒子撫摸著他的狗兄弟。

「親愛的。」我開口說，知道接下來的對話不會讓人好受。「紐頓的淋巴結真的很大，我很擔心牠。雖然我特地做了美味的早餐，但牠還是不想吃，而且一點精神也沒有。」

彼得看著我，他的眼睛搜索著我的眼睛，希望有另一種選擇。最後，他說：「媽，我知道是時候了。」

當我們的孩子呼應宇宙的召喚，以洞察力、智慧、成熟和同情心為我們帶來驚喜時，這是多麼美好的事。

「我知道我們該做什麼。」接著他說：「紐頓，對不起。」他天真的雙眼湧出淚水。

「我得帶牠去醫院，你想一起來嗎？」

「當然！那還用說？」

「好。我只是想要給你選擇，去換衣服，我打給你爸。」於是，彼得上樓準備。

我拿起電話撥給麥克，我百般不願意打這通電話，沒有料到才不過幾天的時間，紐頓的狀況就急轉直下，之前還告訴麥克，狗兒在他不在的期間應該不會有事，我錯了。

幸好，麥克接了電話。當他出差時，不是每次都能及時接到電話。

「怎麼了？是紐頓嗎？」我幾乎聽不見他的聲音。「等一下，我走出去。」不久，我聽見門關上。「怎麼回事？」他問。

「我們害怕的事發生了。看來你一離開，紐頓的情況就惡化了。親愛的，我不覺得牠在享受生活，只是在拖時間而已，幾乎不吃、不喝也不動。」

我聽到麥克的呼吸變得沉重，甚至可能在哭。

「好吧。」他吐出。接著，我們陷入沉默。我想著要如何開口，知道這對不在家的麥克來說，一定不好受，但我還是直說了。

「我想今天就應該讓牠安樂死，再拖也只是讓牠受苦。」

我聽到麥克擤鼻涕。

「我知道。好吧，真對不起，不能待在牠、還有妳和彼得的身邊，我應該要在的。幫我給紐頓一個擁抱，也告訴彼得我愛他。」片刻之後，麥克補充說：「結束時，能通知我嗎？」

「沒問題，我再打給你。」然後，我淚眼婆娑地輕聲說：「我愛你。」

「我也愛妳。」

我掛上電話，擤擤鼻涕，然後準備出門。我傳簡訊給我的團隊，跟他們知會我們的決定。我們三個慢慢地走向車子，我翻找皮包，從底部拿出手機設為靜音，因為我受不了聽到一連串不間斷地叮叮聲，雖然我專業的工作團隊有可能回訊息。我打開奧迪（Audi）休旅車的後車廂門，紐頓試圖跳進去，但沒有成功，我把牠的屁股舉起來，然後慢慢地關上門。我希望彼得沒看到這一幕，但他還是看到了，我從沒見過他這麼悲傷的表情。

開車到醫院的二十分鐘車程中，我們一句話也沒有說，感覺像是過了一輩子。雖然太陽已經出來了，但我們似乎置身於濃密的灰霧中。終於，我把車子停入停車場，然後走到車後方，為紐頓打開門，把牽繩套在牠的脖子上，牠跳了出來。

兒子還坐在車子裡，他還是不來了嗎？我錯過了什麼跡象？當我和紐頓繞到副駕駛座那一側，想看看彼得怎麼樣了，他就擦了擦眼睛，然後下車。我們步履艱難地走進醫院。

蒂亞拉對我們投以溫暖、理解的微笑，沒有對話，也不需要，我們共事了很長一段時間，她對我很了解，我們無聲地溝通。我和紐頓、彼得繞過轉角，來到腫瘤科，紐頓開始緩慢地搖動牠那一小截尾巴。這裡對牠來說是個快樂的地方，牠從小到大常常待在這裡，把員工都視為朋友。能看到牠開心真好，牠沒有懼怕，這裡只有朋友。

「紐頓小寶貝！」卡西迪對著狗說，並伸手撫摸牠。另一名技師知道我們來到醫院後，特地下樓來給我一個擁抱，她擦去眼睛上的一滴淚水。內科醫師看到我們都在，也過來了，我們不需要告訴他發生了什麼事，他可以感覺到悲傷的氣氛，並抱了我一下。和我配合的神經專科獸醫無私地表示，可以替我們注射這一針，我禮貌地拒絕了，雖然這是工作中最困難的部分，但我的工作就是如此。我看著兒子，想讓他感受到此刻圍繞著我們的同情心。潔姬很快地擁抱彼得，然後轉身看著我。我們都知道，她無法代替我面臨現在的處境，我勉強擠出一個笑容，她摟住我，我們擁抱了片刻，然後我退後了一步。對於接下來的艱鉅任務，我必須盡量保持鎮定。

「彼得，親愛的，你準備好了告訴我。」我輕輕地說。

「媽，我沒事的。可以了。」

聽到他這麼說，我的同事們紛紛離開，留給我和兒子一點隱私。潔姬看著我，等待我的指示，她知道這不是一個人的工作。我叫住了腫瘤科的技師三人組，請他們留下來幫忙，在紐頓治病的每一個階段，他們都陪在我們一家人身邊，雖然這對他們來說並不容易，但我知道他們每個人都希望能夠在場。潔姬把必要的藥物和靜脈導管交給我——當我傳簡訊給團隊時，他們就開始準備了。就在我開始把紐頓經常坐的檯子降下來時，牠試圖跳上去，就和之前一樣，不過這次牠沒有力氣，摔到地上，我瑟縮了一下。彼得過去幫牠，把一隻手放在牠的脖子上，稍微受到驚嚇的狗兒站了起來。

「紐頓，待著別動，乖狗狗。」他說。這真的很令人難受。檯子降了下來，狗兒踩上去。我把檯子再度升高時，看得出來牠喜歡站得高高的，傻狗兒。技師們讓紐頓躺下來，之前牠每個月來接受化療，都是同樣的姿勢，只不過這次沒有背景音樂陪襯。

「親愛的，你還好嗎？」我問兒子，關切地望著他，他點點頭。彼得很堅強，他站在紐頓面前，撫摸著狗兒額頭上天鵝絨般的皺紋。我伸手握住我勇敢兒子的手。

剩下的就靠我了。讓寵物安樂死，不管是誰的寵物，都是一件哀傷的事。在這種跟飼主一家人在一起的時刻，都會難過到需要大哭一場，但我必須在場，盡可能安慰悲痛的人們。這是一個非常令人內心糾結的情況，我努力忍住淚水，看清楚要放置導管的靜脈。這次是我自己的狗，而且兒子也在，我只想當個媽媽好好抱抱他。這條線很難拿捏，我知道必須保持冷靜，才能把工作做好，但同時也正在失去心愛的寵物。我很快地禱告，祈求一次就把導管插到位，沒有人能夠忍受看到寵物被安樂死時還得多挨幾針。謝天謝地，導管順利置入。總是信任我們的紐頓沒有亂動，牠在這裡感到很安心。

狗兒會接受兩種不同的藥物。第一種是過量鎮靜劑，讓牠沉沉地睡去；第二種會確實地讓牠的心肺停止運作。整個過程大約只有一分鐘。我環顧四周，身邊四個關心紐頓的人都把視線集中在狗兒身上，沒有發現我在看他們，眼淚從卡西迪的臉上滑落。我深吸了一口氣，然後慢慢地吐出，我做得到，我這麼告訴自己。拜託了，手千萬不能抖，別讓兒子更擔心。我伸手拿鎮靜劑，連接到導管上，然後開始將藥物從注射器推入靜脈，我邊做邊輕聲對紐頓說：「乖狗狗，親愛的。」「紐頓真的好棒。」「我們好愛你，乖寶貝。」我抬起頭，看見潔姬淚流滿面，我不能再看其他人，不然一定會崩潰。求求祢，老天爺，讓我完成這個任務。我低頭看了看，拿起下一個，也是最後一個注射器，將它扣在導管的開口上，然後開始慢慢地給藥。一瞬間彷彿永恆。注射器空了之後，我把它放下，拿起脖子上的聽診器去聽，牠沒了心跳，也沒了呼吸。紐頓走了。

三名同事都在哭，他們安靜、迅速地走出房間，給我和兒子一點時間。我們倆深深地擁抱了很久，一開始他沒有哭，但我知道要再等一下，最後在我們持續的擁抱下，他開始泣不成聲，而我的眼淚也忍不住決堤。看到兒子悲痛不已，我的心碎了，我一直抱著他，直到他不再流淚，我的肩膀濕成一片，這是他深愛狗兒的證明。我們看向躺在檯子上的紐頓，已經有人進來為牠蓋上一條柔軟的毯子，我從沒見過團隊這麼做，但很感激他們的好意。紐頓的頭沒有被蓋住，我告訴兒子我愛他，然後我們轉身撫摸狗兒。

「我也愛妳。」他說。我們沉默地站了一會，彼得的眼睛閃爍著淚光。

他說：「還記得我們第一次把紐頓帶回家的情形嗎？那時牠還是小狗，尿尿在我的床單上。」

我說：「還有當那個長得像《阿達一族》（*The Addams Family*）費斯特（Fester）叔叔的陌生人敲門時，牠怕得要命。」

「還有牠超喜歡打開牠的生日禮物，把衛生紙撕碎，找出裡面會吱吱叫的玩具。」

「還差點被牠吞下吐！牠很愛那些玩具。」

「媽，還有那些妳訓練牠聽懂的詞彙。我敢說，牠是唯一一隻當別人講『借過』的時候，知道要往後退的狗。」

「是呀，牠懂很多詞彙，是一隻好狗狗。」我笑著說。

「真的。」

「而且牠好愛你。」我提醒兒子。「我們做出了艱難但正確的決定。你能在這裡陪牠，真是太好了。我知道這並不容易，我為你感到驕傲。」我們再度擁抱。「真的很遺憾，你想再多待一點時間嗎？」

「不了，走吧。」

我把頭探出門外告訴團隊，我們要離開了。他們哭得一把鼻涕、一把眼淚，一個個跟我們擁抱。我很感激能和這些真心關懷他人的同事一起工作，我知道他們會好好處理紐頓的遺體，十天後才能取回牠的骨灰，就等到那時再說吧。

我覺得肩上的重擔卸了下來，雖然極度悲傷，但我能為愛犬執行安樂死，讓牠獲得應有的尊嚴；我也能支持親愛的兒子，而他很堅強地面對了這個痛苦的處境。當我們走過候診室前往停車場時，我感到所有人的目光都集中在我們身上——親愛的蒂亞拉、還有其他的櫃檯人員，以及等著名字被叫到的飼主們。我無法承受大家的慰問，只想和彼得一起回家，於是我低著頭，繼續往前走。

回家的路程快多了，雖然我和彼得再次陷入沉默。當我們駛入車道時，太陽在擋風玻璃上投射出刺眼的光芒。

在我們下車進入家門後，空蕩蕩地孤獨感開始蔓延。一隻五十二磅（約二十三公斤）拳師犬的存在感能填滿整個屋子，也是很神奇，半小時前的愉快回憶很快變成了悲傷。

我們不知所措地呆站在廚房，然後我分享了另一個故事。我告訴彼得，我在唸獸醫系和當住院醫師時，養了一隻淡黃褐色的拳師犬布里森，我遇見他父親時，正在遛這隻狗。布里森對我來說十分特別，是一個忠實的同伴，我非常愛這隻狗，祈求牠能活久一點，儘管我知道拳師犬的平均壽命是九年。我很幸運，布里森活到了十一歲，牠過世後我好難過，即使知道我已經比一般拳師犬飼主多了兩年與牠相處的時間。寵物的壽命總是比我們希望的來得短，雖然我很願意養布里森幾十年，但我想值得寬慰的是，這輩子能夠和好幾隻或甚至很多隻狗結緣。

「每一隻狗都是獨一無二。」我告訴兒子。「而且每一隻都會教導我們不同的課題。我認為牠們出現在我們生命中的不同時間點，就是為了這個目的。這改變不了失去狗兒的傷痛，但我向你保證，會好起來的。」

彼得看著我，顯然理解我的話，但一個字也說不出來。我們擁抱了一下，接著，我的青少年回房獨處，我則自己一個人留在廚房。

我經常告訴飼主，傷痛會好起來，只是需要時間，有時會是很長一段時間。我知道我和家人會好起來，但現在這樣的想法並不能帶來安慰，我筋疲力盡又感到難以遏止的悲傷。

我拿起手機，打給麥克，告訴他今天發生的種種傷心事。

達絲蒂和卡莉
Dusty and Callie

被偷吃烤肋排的喜樂蒂治癒，
重新牽起拳師犬出發

每個人都會有過不去的坎，腦袋裡的嗡嗡聲讓我煩惱，我一直嘗試消除這些雜音，並提醒自己，哪些事才是值得的。我們要哀悼到什麼時候？我總是告訴飼主，時機到了，就會知道，也許我應該聽聽自己的建議。

這次去癌症中心，剛好是我對抗「那個病」的一周年。但沒有人想要這樣的周年紀念，紀念日不是應該要有燭光晚餐和花束嗎？麥克在我身邊，但沒有半點浪漫氣氛。我剛剛完成抽血和三個電腦斷層掃描，還看了放射腫瘤醫師和聽力師，已經疲憊不堪。我一直很擅長同時做很多事，但這一連串檢查實在是太累人了。

整體而言，我的精力恢復得越來越好。雖然還是有高低起伏，但和幾個月前比起來，幸好落差已經沒那麼大，檢查結果能維持正常越久越好。

我焦急地坐在腫瘤內科醫師的辦公室裡，等待著檢查結果。一波波的情緒不斷襲來，而我從來都不是一個游泳好手，我最近很需要大哭一場，但不小心流出幾滴之後就止住了。我對跨越這個里程碑感到又緊張又害怕，每三個月回診一次做例行檢查，感覺就像每一季都要面對自己的死亡。我現在正等著見腫瘤內科醫師，如果結果不是我想要的，我可能會陷入谷底，狂吃餅乾來麻痺自己，或是馬鈴薯沙拉、或洋芋片沾醬。但當我舔完傷口（和湯匙上的沾醬）之後，我會記得我是一名永不屈服的鬥士，而忠實的戰友麥克就在身邊。今天，我想你可以說他是我的救生圈，不管怎麼樣，我很高興有他陪著我。

「嘿，麥克。」我說，把他從手機的世界裡拉出來。

「什麼事？」他看著我，在不太舒服的候診室塑膠椅上移動身體。

「你有沒有想過再養一隻狗？」我問他，雖然我不確定我在這個問題上的立場。

失去紐頓後，我把牠的狗食、玩具和五張狗窩全都捐給了附近的動物收容所，至少這些東西能幫助需要的寵物。在屋子裡走動時，我對紐頓的記憶還是非常鮮明，我會不斷去看牠愛躺的地方，但令人難過的是，牠已經不在那裡。有時，我甚至會發現幾根牠的短毛黏在家具的布料上，不管用吸塵器怎麼吸都吸不乾淨。而且我必須承認，心中一直有罪惡感，我還在這，牠卻不在，也許當初我還有什麼沒做到的，可以幫助牠擊敗「那個病」。我甚至瘋狂地覺得，紐頓為了救我，放棄了一切。

「妳會這麼說真妙。」丈夫回答，把我從思緒裡拉回來。「我一直在想同樣的事，只是不確定自己是不是準備好了。」

我們靜靜地坐了幾分鐘，思考著這個話題。隨著時間過去，我們的心中會有空間容納一隻新的狗兒，但是心需要先癒合。這一切都不容易，而且我們做出的任何決定也必須考慮到彼得的意願。即使我們的心還沒有完全準備好，如果兒子願意把他的愛獻給另一隻拳師犬，那麼我們會支持他，一家人一起展開新的篇章。但隨後恐懼湧了上來，這個新的篇章會包括我嗎？我還會在嗎？

櫃檯人員過來帶我們到檢查室，我用力地吞了口水，捏了捏丈夫的手。我們最近多了很多傷疤，但熬過去之後又變得堅強了一點，也更充滿愛。當恐慌襲捲而來時，我會問自己這個問題：如果我知道一切都會好起來，我會怎麼做？即使面對不確定性，可以從現在開始就這麼做嗎？這是我從四條腿的病患身上得到的啟發。牠們活在當下享受時光，無論時間長短，從來不浪費在憂慮上。

檢查室的門傳來輕輕的敲門聲，然後慢慢地打開。麥克抓住我的手，緊緊握著。腫瘤科醫師走進來，她身穿筆挺的白袍，滿懷自信地站著。我目不轉睛地盯著她，試圖從她的臉上找到一些線索，看她是否有好消息。她和我丈夫寒暄了幾句，但我一個字也聽不進去。到底從她口中說出的話語，會拉我一把還是推我一把？我想要大叫：「快告訴我檢查結果！」

她察覺到我的焦慮，突然改變話題。「一切都很好。」她露出大大的笑容看著我說。「檢查結果都沒問題。」

感謝老天！（雖然我希望她能跳過那些寒暄和懸念，直奔主題。）我淚如雨下，麥克拍拍我的膝蓋，我旁邊的椅子上累積了一大堆濕掉的衛生紙。我知道激烈的情緒會讓麥克感到不自在，但他老婆得發洩一下。

我眼裡含著淚水，站起來問醫師能不能抱一個。她欣然答應，我們擁抱彼此，但只有一下下，要抱久一點也可以，但我們不是那種關係。麥克起身，撫摸我的背，他在安慰我的時候，我能感覺到他大大地鬆了一口氣。我們都需要聽到好消息，我們都需要從最近的生活中獲得喘息。

我的醫師繼續問例行的醫療問題，我一邊擦眼淚、擤鼻涕，一邊努力回答，濕掉的衛生紙越堆越高。至少我得到了好消息，振奮人心的好消息。

聽醫師說話時，我再度問自己：如果知道一切都會好起來，我會怎麼做？我會更輕鬆、更快樂，我不會把自己或自己的處境看得這麼嚴重。現在這些答案顯而易見。但如果我不要這麼擔心檢查結果，相信上天自有安排，本來生活可以過得平靜許多。

也許三個月之後，當我面臨下一輪檢查時，我會以這種更沉著的態度去應對，我知道說比做容易，但也許我可以一步步做到。當生活出現小小的不如意時，我可以練習了解「屋漏偏逢連夜雨」，像丈夫忘記我們真正的結婚紀念日、孩子沒有交作業、在辦公室度過很糟的一天。老實說，儘管我在治療過程中，沒辦法把全副心力都放在幫助（或碎碎念，取決於你用什麼角度去看）兒子，但他還是設法完成了大學申請。這個家沒有垮下來。而麥克也終於明白，為什麼紅色襯衫不能混在白色衣物裡洗。

我和丈夫收拾東西準備回家，我感謝醫師讓我重獲新生。離開時，麥克牽起我的手，我緊緊握住，感謝他一路走來給我的支持。我們晚上會早早外出用餐，慶祝今天的好消息，就像真正的結婚紀念日一樣。

我很高興能夠全心全意地回到心愛的醫院工作，離開一段時間讓我更加珍惜當獸醫的機會，以及和這麼棒的一群人共事的緣分。對我來說，這不只是一份工作，還定義了我的價值。在醫師的建議之下，我先以兼職的身分回歸，再慢慢適應。麻煩的是，每當一天快結束時，我還是很疲憊，即使已經遵從醫囑盡量限制自己的看診數。不然，就會像被碾平的卡通人物那樣，我不想變成威利狼（Wile E. Coyote）。

在一個平凡的早晨，我走進診間，蒂亞拉掛著狡黠的笑容跟我打招呼，說加護病房那裡有東西要我看看。我連隨身物品都還沒放下，就先去醫院後面，發現四名技師蹲在一個大籠子前。

「嘿，醫師，快來看。」一名加護病房技師說。其他三人往旁邊移動，讓我看個清楚。

「我的天啊！」我叫出來。我跪著並爬進籠子裡，一隻淡黃褐色的母拳師犬躺著，一群小狗在牠的奶頭上蹭來蹭去。

「牠什麼時候來的？」我問。

「昨天晚上。牠遇到難產，生了幾個小時都生不出來。飼養員半夜帶牠過來，我們通知了值班的外科醫師。貝拉（Bella）動了剖腹手術，不久之後，五隻健康的小狗就出生了。」

「老天，牠們真是太可愛了。」我抱起一隻暖呼呼的小狗，靠在臉頰上，聞著寶寶香。查爾斯．舒茲（Charles Schulz，史努比漫畫家）是對的——「幸福是一隻溫暖的小狗」。我閉上眼，享受這隻拳師犬寶寶帶給我的甜蜜感。紐頓剛來我們家時，差不多也是這麼小。抱著小狗似乎讓我的煩惱全都消失了，即使只是幾分鐘，小狗在我的脖子找到一個溫暖的縫隙，然後就窩進去。籠子裡的新生兒在互相推擠、爭奪媽媽的奶水時，發出細微的呼嚕聲。

「妳知道的，醫師，牠們可能需要一個家。」技師暗示我。「我說說罷了。」

她的話讓我回過神來，我的心牆升高了。「很誘人的提議。」我回答。「但這必須由我們全家人決定。再說，幼犬通常很快就會被領養。」

話一說完，我將小狗放回籠子，讓牠回到媽媽及兄弟姊妹身邊，然後走向走廊另一頭，開啟我的一天，心中哀悼著紐頓。

失去紐頓之後，每次看到病患是拳師犬都百感交集，牠們是很棒的狗兒，但太容易觸動我的心弦。我想念紐頓的親吻和牠堅定的陪伴，我甚至想念牠的口水。顯然，我還沒有完全從傷痛中恢復過來，但這些可愛的狗寶寶確實讓我有了一些快樂的念頭。

當我來到工作站時，看到電腦螢幕上貼了一張字條，是來自急診室的，寫著：「有一個腫瘤科的病例需要接手。」嗯，真奇怪，夜間急診團隊很少需要我的服務。雖然我專門處理重病，但我的目標是讓病患舒服地待在家。我和技師過去加護病房看看是怎麼回事。

卡莉．威廉斯（Callie Williams）是一隻六歲的喜樂蒂牧羊犬（Shetland Sheep-dog），被診斷出得了移形上皮細胞癌（Transitional Cell Carcinoma），這是狗兒最常見的膀胱癌類型。牠第一次來看我的診，大約是在七個月前，那時已開過刀移除腫塊。雖然卡莉在還年輕時就得到這個病，但牠對口服藥物的反應很好，得以將癌症控制住。牠每天服用一劑匹洛西卡（Piroxicam），是一種非類固醇消炎藥，可以有效抗癌，有一小部分的狗吃這種藥會對胃部造成刺激，類似人們服用阿斯匹靈後的副作用，但這隻喜樂蒂牧羊犬一直以來都沒有發生什麼問題。我查看卡莉的病例，發現牠昨晚進急診是因為在威廉斯女士的白色地毯上嘔吐了七次，根據我對威廉斯女士的了解，這會讓她不開心。此外，卡莉變得對吃東西沒什麼興趣，威廉斯女士擔心這是治療癌症造成的。牠入院後，開始打點滴補充水分，同時禁食禁水，讓胃部休息。

卡西迪解開點滴，試著讓卡莉從籠子裡出來，牠很害羞，極力抵抗，再加上體重過重，所以我和同事只好彎腰將牠抱起，放在檢查檯上。在測試狗兒的牙齦和皮膚張力時，我看得出來牠還是輕微脫水，量了體溫，也沒有發燒。當我觸診牠的腹部時，牠不舒服地動了一下，身體其他地方則沒有異狀。我按住卡莉，讓技師抽血做一些檢查。然後我們數到三，一起將牠抬起來，輕輕放回鋪有軟墊和毯子的籠子裡。卡西迪重新接上牠的點滴，我回到工作站寫病歷。

二十分鐘後，卡莉的抽血報告便擺在我面前。我輕聲笑了出來，搖了搖頭，心想把一切都怪到癌症治療還真容易。我伸手去拿電話。

「哈囉，威廉斯女士。妳今天早上好嗎？」我問道。

「很好。」她回答。「只是昨天鬧了一晚很累，清地毯也清得很累。」

「真抱歉卡莉得在醫院過夜。牠有沒有吃到不該吃的東西？」

「應該……沒有……吧。」她慢慢地說，思索著。

「牠有沒有吃到狗食以外的東西？」我試探。

「被妳這麼一說，真的有！牠從盤子裡偷走一堆烤肋排，一口氣吃掉。我叫湯姆別把盤子放在那麼低的地方，他就是不聽。這是卡莉生病的原因嗎？」

「對，看來卡莉得了胰臟炎，可能是吃到太油的食物。值得慶幸的是，透過支持照護和藥物治療，牠很快就能恢復。」

「噢，太好了。」威廉斯女士說。「謝謝妳。所以這跟牠的癌症無關囉？」

「沒錯。這只是一般狗兒會有的問題——想要吃不該吃的東西。」

「我可以過去接牠了嗎？」

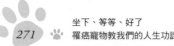

「我們需要觀察一整天，讓牠的胃休息。我傍晚會和妳聯絡，如果牠有比較好，就可以回家；否則，就得再待一晚。」我告訴威廉斯女士，並承諾晚點會打給她，接著掛上電話。

讓卡莉服用止吐藥和止痛藥、打了點滴再加上休息，牠會好起來的。等到牠準備好要出院時，我們會請威廉斯女士先給狗兒清淡的飲食，慢慢地讓腸胃適應食物。

我想，有時每個人都有自己過不去的那道坎。對我來說，腦袋裡的嗡嗡聲帶給我很大的麻煩，我一直不斷嘗試消除這些雜音，並提醒自己，哪些事才值得我耗費精力和心思。我想，吃個烤肋排不失為一個放縱的好方法，只不過這隻喜樂蒂牧羊犬做過頭了。我瞥了一眼自己映在窗戶上的倒影，舉起手撫摸頭髮，我的褐髮幾乎都長回來了，之前擔心成那個樣子，現在想起來覺得有點蠢。不過，當時我真的非常在意，那是我唯一可以控制的事，或者說我以為可以真正控制的事。

到了下午，卡莉明顯好多了，牠入院後就沒有再嘔吐，正在警覺地觀察加護病房四周。我們給牠一點點水，看看牠能不能消化，這隻喜樂蒂牧羊犬舔了舔水，然後在碗的附近嗅來嗅去，尋找食物。當我的技師陪在卡莉身邊時，我走到大廳，為牠拿少量的清淡狗食。我一回來，就看到卡莉站著，期待地搖著尾巴。牠立刻狼吞虎嚥地吃掉，然後看著我們，好像在說：「就這樣？妳們一定還有更多！」

「好了，卡莉乖狗狗。只要妳的胃沒問題，剛才吃的東西都可以消化，我們會再給妳更多。」我撫摸狗兒的頭，然後關上籠子的門。

卡莉在我們下班前被送回家，剛好是晚餐時間，我猜這是牠一天當中最喜歡的時間。但威廉斯女士被嚴格要求給予愛犬特定的飲食，尤其是在接下來幾天。我們需要溫柔對待牠的腸胃，牠在家也必須持續服用止吐藥。如果威廉斯女士有任何問題或疑慮，會打電話給我們。

我關掉電腦，準備打道回府。當我走出醫院時，我發現我很期待告訴家人昨晚有一窩拳師犬寶寶剛出生，沒有什麼比小狗更可愛的了。但我覺得我們一家人還沒有辦法敞開心房，接受另一名成員。這的確帶來一個問題，我們要哀悼到什麼時候？我總是告訴飼主，時機到了，他們就會知道；也許我應該聽聽自己的建議。

幾個月過去了，我還是不習慣家裡沒有四條腿的夥伴，變得那麼安靜。我發現我很容易一頭栽進日常瑣碎的事務中埋頭苦幹，但沒有小東西跟進跟出，或在我進屋時熱烈歡迎我，實在是有點寂寞。我在電腦前坐下，思索著新成員的問題。

「媽！」彼得下樓時大喊。

「我在這！」我從廚房裡喊回去。

「妳猜發生什麼事？」

「呃，這個嘛……」

「我上了！我上了！我上了羅徹斯特（Rochester）大學！」他興奮地張開雙臂，緊緊地摟住我。媽媽都會希望得到這種擁抱。

「親愛的，我真為你感到驕傲！」我說，同時也用力抱緊他。「太棒了！」

「還有幾間也上了，但我想讀羅徹斯特大學。」

「看看你，真厲害，自己申請上了。而且親愛的，有選擇總是好事。能給我看看錄取通知信嗎？」

「沒問題，還有我要打給爸爸。」

我在心中感謝老天爺賜予兒子這個快樂的時刻。他正在長大成人，雖然我們家這一年經歷了風風雨雨，但彼得熬過來了。

那天晚餐時，我和麥克用上好的蘋果氣泡酒敬彼得，麥克拿起叉子敲了敲酒杯，然後清了清嗓子說話。

「咳咳。彼得，我們為你感到無比驕傲！你辛苦了。真高興你能申請上自己的第一志願，我知道不管你選擇做什麼，都會做得很好。」我們三個互碰酒杯。

開動後，我決定試探一下。「嘿，兩位，我一直在想，家裡是不是能增加新成員，像是……再養一隻拳師犬。」

「我就知道妳有這個打算。」麥克笑著說，咬了一口球芽甘藍。

「幼犬嗎？」彼得問。

「可以是幼犬，也可以是受虐犬或成犬。幼犬不是想要就能隨時有的，也經常有成犬需要找到好家庭。」

「嗯。但如果我再幾個月就要上大學，牠要怎麼記得我和愛我？要不要等我畢業再養？」

「這個嘛，我想你媽媽早就安排好了，我們可以儘快養，讓牠有時間認識你。別擔心，狗兒一定會記得牠們愛的人。再說，你不在的時候家裡有隻狗，才不會感覺空蕩蕩的，這對你媽和我來說也好。」

「我們可以看看。」彼得表示。「但要視情況而定。」

我覺得自己又像個任性的孩子，開車跟兒子去看拳師犬。這是將近兩個小時的跋涉，但非常值得。

我們母子倆在路上度過了相當愉快的時光，而且提早到達。我決定在附近繞幾圈，然後把車停在飼養員家門前的路邊。

兒子問：「媽，這樣真的沒問題嗎？」

「當然，我們很準時。」

「不是啦，我是說，再養一隻狗真的沒問題嗎？妳知道的，因為紐頓的關係？」

「噢，親愛的，沒問題的。紐頓知道你很愛牠，牠會希望你給另一隻狗同樣的愛。在某種程度上，你選擇養另一隻拳師犬來紀念牠。」

「算是吧。」

「我們永遠都不會忘記紐頓，牠是一隻很棒的狗兒，但也許我們能給另一隻狗一個溫暖的家。」

「但我們不一定要帶牠回家，對吧？」他解開安全帶說。「我們會再看看？」

「那當然。」我回答。我們來到前門，彼得按了門鈴，聽見拳師犬的吠叫聲在門後此起彼落，多麼悅耳的聲音！顯然有人正試著穿過一群狗兒。當門終於打開時，只見一隻斑紋拳師犬以驚人的速度搖著牠短短的尾巴。飼養員黛比（Debbie）歡迎我們進屋。

我站在門口，看著那隻狗。牠是一隻很漂亮的四歲母犬，深色毛髮襯托著雙眼之間鮮明的白色條紋和寬闊的白色胸膛，棕色的眼睛在彼得和我之間來回掃視，牠的視線一直都沒有從我們身上移開，好像在說：「哈囉！我在這裡。」我伸手摸摸這隻拳師犬的頭，達絲蒂（Dusty）的毛髮十分柔軟，不斷地動來動去。當我看著兒子，試圖知道他的想法時，達絲蒂跳到他身上，將前掌放在他的胸口。彼得微微彎下腰，狗兒在他的臉上親了好幾下。

彼得跪了下來，達絲蒂想要坐在他的大腿上，差點把他撲倒。我過去湊熱鬧，也馬上被親了好幾下。我擦去臉上的口水，看得出來，牠有滿滿的愛要分享，才不過相處幾分鐘，牠感覺已經像我們養的狗。

「妳們想帶牠回家嗎？」飼養員問。

「啊……」我支支吾吾，有點措手不及。我需要和兒子商量，考量實際情況，我們沒有狗食，沒有項圈，沒有牽繩，沒有狗窩……

我和黛比討論了達絲蒂的病史和受過的訓練，接著很迅速地為牠進行簡單的身體檢查。黛比是優秀的飼養員，培育出非常健康而且適應良好的狗兒。她告訴我，達絲蒂第二次懷孕時，經歷了困難的剖腹產才把寶寶生出來，之後黛比決定讓牠退休，不再生孩子，這對我們來說是好事。我蹲下來檢查達絲蒂的肚子，剖腹產的疤痕很明顯，也許牠和我的共同點比我想得還要多，我們經歷這些事很不容易。年紀大的狗兒比較難找到領養家庭，但我們都是媽媽，必須團結起來，我想告訴牠：「有我在，別擔心。」我拿出支票簿，準備讓牠成為我們家的一份子，彼得給了我一個詢問的眼神，然後點頭表示同意。

「你真的確定？」我低聲問他。

「確定，我想我們應該養這隻狗，我很喜歡牠。」這段話更加悅耳。我看著彼得撫摸我們的新成員，牠冷靜了下來，站著不動，享受愛的回報。

我快速地回到車上拿應急的牽繩。身為準備充分的獸醫，我總是會隨身攜帶一條備用牽繩，以防萬一在路上遇到流浪狗。今天，這條牽繩將把幸福帶到我們家。

當我回到屋子裡時，達絲蒂在原地向右快速旋轉了三圈，牠看到牽繩好興奮，整個身體扭成一個圓圈，那是純粹的喜悅！牠靜止不動，好讓我把牽繩套在牠的脖子上，然後拉著我們走出前門。我想，達絲蒂比我們還早知道，牠會和我們成為一家人。

開車回程時，我還是有點不敢置信，只花了三十分鐘就把一隻狗帶回家，麥克一定會很驚訝。但他很了解我，知道我要去找飼養員，說實在的，這就像是把一個孩子送進糖果店，所以他也得負起責任。我瞥了一眼坐在旁邊的兒子，看到一張滿足又快樂的臉龐；再望向後照鏡，達絲蒂在後座蜷縮成一團，已經進入夢鄉。我的臉上浮現出一絲微笑。

我們在車上列出需要的物品清單：狗食、粉紅色的狗窩、新的食物碗和水碗、絨毛玩偶……。車程很快就過去了，比我預期得還要早到家。一打開後座車門，達絲蒂就跳了出來，抬頭看著我和彼得，好像在說：「接下來去哪？」我們一定會好好愛護牠。當我們走進屋子時，彼得步伐輕盈。我拿著狗兒的牽繩，跟在兒子身後。達絲蒂仰頭望著我，快活地不得了。

目前，敵人已經投降了。雖然並非每一天都是好日子，但我滿懷感恩地過好每一天。「那個病」讓我停下腳步，用不同的眼光看待人生。我很幸運能得到這個機會，雖然它一直都在眼前，我只是從來都沒有停下來發現它。我治療的病患和身旁的寵物都表現出無窮無盡的愛、接納、忠誠和陪伴，每一天，牠們都活在當下，讓我們的生活變得更美好，也為我們示範，怎麼讓生活變得更美好。我不確定自己能不能超越對死亡的恐懼，年紀越大，就越怕死，但我不會再給予「那個病」它想要的力量。我還是沒辦法說出「那個病」的名字，但現在，每當我想起它時，已經不再大驚失色。在這一年，我有了很多新疤痕，它們是我奮戰留下的痕跡，我為此感到自豪。在醫學界，據說疤痕會重塑和重組，隨著時間推移而變得越來越小、越來越不明顯。我希望時間讓疤痕不再帶來情緒上的痛苦，只留下好的部分。

我大半輩子幾乎沒怎麼使用過社群媒體。當我最初被診斷出「那個病」時，我發現我沒有力氣不斷向朋友更新狀態，像是說我做了什麼治療，或是心裡有什麼感受，所以我開始定期寫電子郵件給他們。一開始，這個群組很小，最終演變成多達七十五位「最親近」的親朋好友。很多人會回信，給我鼓勵和力量，這是我緊緊抓住的浮木。很多人也會問：「妳有沒有想過要寫一本書？妳真的應該寫一本書。」治療告一段落之後，我不再寄信給群組，偶爾會有朋友主動聯繫，並說：「妳真的應該考慮寫一本書。」我沒有採納他們的建議。直到有一天，我和麥克出門過週末，飯店送了一份早報到我們的房間，那時是三月底，我看了報上的星座運勢，寫著：「你今天應該開始寫你的書。」真是被打敗了！兩天後，我開始寫作，從此沒有停筆過。

我非常感謝我的專業寫作團隊，你們是來自天上的禮物。威廉・派翠克（William

Patrick），在我最需要你的時候，你總是給予無價的建議和鼓勵；夏儂・威爾許（Shannon Welch），謝謝妳給我機會，我感激不盡；席妮・羅傑斯（Sydney Rogers），謝謝妳耗費數小時仔細閱讀手稿，如此體貼地對待我，並理解我的願景。妳無縫承接了我的手稿，讓它變得更好，彷彿妳從一開始就和我一起寫作。HarperOne出版社的優秀員工，特別是露易絲・布拉弗曼（Louise Braverman）和露西爾・庫維（Lucile Culver），感謝妳們的勤奮、努力和專業；柔伊・山德勒（Lucile），謝謝妳在這個艱鉅任務中擔任重要的角色，無數次閱讀我的手稿；艾琳・包爾（Aileen Boyle），非常感激妳提出許多絕妙的點子；蒂娜・班奈特（Tina Bennett），無比謝謝妳，妳是最棒的作家經紀人！感謝妳付出智慧、耐心，幫助我開啟這個人生新篇章，沒有妳，就不會有這本書。我非常珍惜與妳的友情，誰想得到，多年前在孩子的營隊上認識，會造就今日的緣分？這是兒子們促成的！

如果沒有斯隆—凱特琳紀念癌症中心的醫療專業人員，我不會在這裡。阿布—拉斯特姆（Abu-Rustum）醫師、阿勒克提亞（Alektiar）醫師和梅克（Alektiar）醫師，我永遠感激你們救了我的命；普菲斯特（Alektiar）醫師，你的建議和忠告無比重要；護理團隊和支持人員，感謝你們對我的容忍和照顧，你們對我和中心所有患者來說，都是不可或缺的存在。施密特—薩洛西（Schmidt-Sarosi）醫師，雖然不隸屬於癌症中心，但你是如此了不起的醫師；還有我的姊夫傑布．布朗（Jeb Brown）醫師，在我需要時伸出援手，謝謝你。

感謝羅德島（Rhode Island）飯店，美得令人屏息的海洋之家，不僅在那個關鍵的早晨送來報紙，也是我沒日沒夜寫作的避風港。

我最棒的工作團隊，謝謝你們付出時間、愛、汗水和淚水。當然，還有美食和音樂！你們是我在辦公室的家人，我很珍惜彼此的回憶，你們把困難的工作變得令人享受；你們也是我休完病假後，決定回職場的重要原因。我一如既往地支持你們，而我知道你們對我也是如此。謝謝珍妮（Jenny）、莎伊娜（Shaina）、潔絲（Jess）、潔恩（Jayne）、艾希蕾（Ashleigh）、潔蒂（JD）、寇特妮（Courtney）、茱莉（Julie）、伊莉莎白（Elizabeth）、潔西（Jessie）、凡妮莎（Vanessa）、裘蒂（Jodie）、克莉絲朵（Crystal）、凱西（Cassie）、塔赫拉（Taherrah）、蒂亞（Tia）、普妮瑪（Purnima）、夏伊拉（Shayla）、史蒂芬妮（Stephanie）以及杭特（Hunt）醫師、史特勞斯（Straus）醫師、康特洛維茨（Kantrowicz）醫師和帕勒斯坎多洛（Palescandolo）醫師……太多感謝，在此僅列出幾位！感謝附近地區的傑出獸醫們，我很喜歡跟你們並肩作戰，一起幫助許多共同的病患。特別感謝PetCure Oncology的同事們，你們對病患無微不至的照顧、對員工的關懷以及對我的愛護。

給我的朋友們。不管是過去還是現在，你們一直都是我的支柱，我一輩子感激不盡。謝謝你們無數次載我進出城，提供美食和給予溫暖的陪伴。莎莉（Sally），妳特地從妳的餐廳帶來營養的食物；莉莎．瑪莉（Lisa Marie），妳做的大骨湯療癒了我；安潔拉（Angela）和吉兒，妳們堅定的友誼（和組織能力）是救命繩索。謝謝從全國各地飛來探望我的金（Kim）、貝琪（Betsy）、蘇珊（Susan）、尼爾（Neal）和傑布（Jeb），我怎麼感謝你們都不夠。謝謝凱倫（Karen）、佩妮（Penny）、山姆．A（Sam A.）、崔西（Tracy）、艾咪（Amy）、瑪莉（Mary）、寇琳（Colleen）、露易絲（Louise）、山姆．C（Sam C.）、席比（Sybil）、凱蒂．C（Katy C.）、史蒂芬妮、琳達（Linda）、蘿拉（Laura）、莉莎（Lisa）、瓊安（Joanne）、瑪格莉特（Marguerite）、艾蜜莉（Emily）和安德魯（Andrew）、凱蒂．D（Katy D.）、葛蕾絲

（Grace）、溫蒂（Wendy）、琳恩（Lynne）、史黛西（Stacy）、頌（Sung）、蒂娜（Tina）、理察（Richard）和茱莉、克里斯（Chris）和佩姬（Peggy）、安琪拉和菲爾（Phil），以及吉兒。我愛你們所有人。

特別感謝艾蜜莉．羅森布魯—盧卡斯（Emily Rosenblum-Lucas），妳是出版過程中的好朋友和指導者。

坦特朗（Tantrum）沙龍的奇斯（Keith）和莉莎（Lisa），你們對我的好，我銘記在心；佩拉卡尼（Pellacani）夫婦，謝謝你們幫助我解決掉髮問題。

諾瑪．魯比歐（Norma Rubio），謝謝你用撫慰人心的聲音和冥想指引我。

沒有我所有的病患和牠們的飼主，就不會有這本書。雖然癌症是使我們相遇的悲傷原因，但我很珍惜認識你們的機會，謝謝你們信任我，讓我來醫治心愛的四條腿家人。你們是我休完病假後，想回到工作崗位的另一個原因，你們讓這一切都很值得。我把你們的毛孩當作是自己的一樣，每次回診時的談話都令人難忘。你們是不屈不撓的戰士，我為你們鼓掌。

給我的家人。雖然我寫下了千言萬語，彷彿沒完沒了地說個不停，但真正要把對你們的話寫出來時，卻哽咽了起來。麥克，謝謝你的愛、理解，以及在我最需要的時候照顧我，這一路上，並非總是一帆風順，但我很高興你一直在我身邊。我最愛的兒子彼得，我全心全意、永無止盡地愛著你，你是我的全世界，我每天都感謝老天給我這個兒子，我為你感到無比自豪。還有我的哥哥拉姆齊（Ramsey），謝謝你在我治療的期間打來許多問候的電話，你不知道這有多令人安慰。

最後，我要感謝所有我養過的拳師犬。有你們在身邊，這段旅程變得更加美好。謝謝！

Ciel

坐下、等等、好了：
罹癌寵物教我們的人生功課

Sit, Stay, Heal: What Dogs Can Teach Us About Living Well

作　　者 — 芮妮・阿爾薩拉夫（Renée Alsarraf）
譯　　者 — 洪慈敏
發 行 人 — 王春申
選書顧問 — 陳建守
總 編 輯 — 張曉蕊
責任編輯 — 何宣儀
封面設計 — 蕭旭芳
內頁設計 — 林曉涵
版　　權 — 翁靜如
業　　務 — 王建棠
資訊行銷 — 劉艾琳、張家舜、謝宜華
出版發行 — 臺灣商務印書館股份有限公司
23141 新北市新店區民權路 108-3 號 5 樓（同門市地址）
電話：(02)8667-3712
傳真：(02)8667-3709
讀者服務專線：0800056193
郵撥：0000165-1
E-mail：ecptw@cptw.com.tw
網路書店網址：www.cptw.com.tw
Facebook：facebook.com.tw/ecptw

Sit, Stay, Heal: What Dogs Can Teach Us About Living Well
Copyright © 2022 by Dr. Renée Alsarraf
Complex Chinese edition copyright © 2023 by The Commercial Press, Ltd.
This edition published by arrangement with through Bardon-Chinese Media Agency.
ALL RIGHTS RESERVED.

局版北市業字第 993 號
初　　版：2023 年 5 月
印 刷 廠：沈氏藝術印刷股份有限公司
定　　價：新台幣 450 元

法律顧問 — 何一芃律師事務所
有著作權・翻印必究　如有破損或裝訂錯誤，請寄回本公司更換

國家圖書館出版品預行編目 (CIP) 資料

坐下、等等、好了：罹癌寵物教我們的人生功課 / 芮妮.阿爾薩拉夫(Renée Alsarraf)著 ; 洪慈敏譯. -- 初版. -- 新北市 : 臺灣商務印書館股份有限公司, 2023.05
288面 ; 14.8×21公分. -- (Ciel)
譯自 : Sit, Stay, Heal : What Dogs Can Teach Us About Living Well
ISBN 978-957-05-3491-7(平裝)
1.CST: 生命哲學 2.CST: 動物 3.CST: 癌症
4.CST: 通俗作品

191.91　　112004278